MARQUIS DE L...
Conseiller au Parlement de Grenoble
1794
LYON

VIE

DU MARQUIS DE LEUSSE

CONSEILLER AU PARLEMENT DE GRENOBLE

VIE

DU

MARQUIS DE LEUSSE

Conseiller au Parlement de Grenoble

1737-1794

Defunctus adhuc loquitur

PAR SON ARRIÈRE PETIT-FILS
LE BARON DE LEUSSE DE SYON

GRENOBLE
TYPOGRAPHIE ET LITHOGRAPHIE ALLIER FRÈRES
26, Cours de Saint-André, 26

1907

Louis IV marquis de Leusse
à l'âge de 17 ans

VIE

DU MARQUIS DE LEUSSE

Conseiller au Parlement de Grenoble

I

La vie du marquis de Leusse [1], dont je cherche à ranimer dans les pages suivantes le souvenir, forme le chapitre douzième d'une histoire généalogique. On ne sera donc point surpris de trouver ici des détails spéciaux à ce genre de travail et des documents qui ne sont au fond que la preuve du récit. Sans doute s'il se fût agi uniquement de reproduire dans ses grandes lignes l'existence d'un gentilhomme campagnard à la fin du dix-huitième siècle, j'aurais dû traiter le sujet avec des vues plus générales, ne point m'étendre autant que je l'ai

[1] Voir au sujet des portraits encartés dans cet ouvrage la note explicative de la page 250.

fait sur les détails et, pour enlever à ce travail son aridité, me contenter de tirer des documents la moelle de ce qu'ils contiennent, sans les citer eux-mêmes. Mais mon but immédiat n'était point de produire une œuvre littéraire. J'ai voulu surtout former un reliquaire familial dans lequel fût contenue aussi complète que possible la parole même de cet ancêtre vénérable à qui ma génération et celle qui l'a précédée doivent tout leur être moral. Le marquis de Leusse, par sa vie et surtout par sa mort, a donné à tout ce qui est né de lui une marque spéciale dont aucun de ses enfants et arrière-petits-enfants n'a effacé la trace. Les générations suivantes pourront en diminuer l'empreinte, mais à cette heure elle est encore très visible. Quelques-uns y verront un sujet de louange, d'autres de blâme. Pour beaucoup, en effet, l'esprit mystique est une tare. Or on en trouvera de purs modèles dans le récit qui va suivre, surtout vers la fin. Quand la vie d'un homme s'achève, il semble souvent qu'il doive, dans les dernières années ou dans les derniers mois, résumer l'analyse de ses sentiments, de ses passions, de ses volontés en une large et puissante synthèse. Le bien ou le mal qui auront dominé en lui prennent alors des proportions fortes qui accentuent la nature morale de l'individu et en frappent de manière indélébile l'effigie. C'est à cette heure, entre toutes importante pour lui et les siens, qu'il grave sur ceux-ci le signe dont il a volontairement marqué sa vie ;

s'il l'imprime avec le sang, c'est alors pour de nombreuses générations : il donne à l'arbre qu'il arrose une sève généreuse, féconde pour le bien ou pour le mal.

Louis III de Leusse, père du marquis de Leusse dont nous allons raconter l'histoire, vivait retiré dans ses terres de Meyzieu et des Côtes-d'Arey ou dans son hôtel de Vienne, lorsqu'il mourut subitement en cette dernière ville, le 21 novembre 1746, laissant deux enfants nés de son union avec Mademoiselle de Chabons : une fille, Marie-Josèphe, née au commencement de janvier 1737 ; un garçon, Louis IV, venu au monde le 9 décembre de la même année.

Louis IV fut baptisé le 15 décembre 1737 dans l'église de Saint-André-le-Bas, de Vienne, sa ville natale. Voici son extrait de naissance :

Extrait des registres de la paroisse Saint-Pierre-entre-Juifs ou Saint-André-le-Bas de la ville de Vienne en Dauphiné :

« Le dimanche 15 décembre 1737 a été baptisé Louis de Leusse, né le 9 du présent mois, fils légitime de messire Louis de Leusse, chevalier, seigneur des Côtes-d'Arey, conseiller au Parlement de Grenoble et de dame Catherine de Gallien de Chabons, mariés. Son parrain a été messire Pierre-

Louis de Bovet [1], mestre de camp, lieutenant-colonel d'une brigade de carabiniers, chevalier de l'ordre militaire de Saint-Louis, et marraine dame Marie de Saint-Ferriol, son aïeule maternelle, épouse de messire Joseph de Gallien de Chabons, seigneur du Passage, grand bailli du Dyois.

> « *Signé* : SAINT-FERRIOL DE CHABONS ; BOVET ; LEUSSE DES CÔTES père ; BILLARD, *curé*.
>
> « Certifié conforme : DE MAZIÈRES DE SAINT-MARCEL, *vi-bailli du Viennois.* »

Louis dut passer les premières années de sa vie à Vienne, aux Côtes et à Meyzieu, où ses parents avaient acheté un château et des biens considérables en 1741. Nous n'avons, du reste, aucun document sur ce temps de sa première jeunesse ; elle fut sévère, entre un père et une mère dont les rapports, grâce à la différence de leurs âges, étaient forcément un peu froids. Le conseiller de Leusse, ne s'étant marié qu'à cinquante-huit ans, était un bien grave compagnon pour une jeune femme ; le rire et les gais propos n'étaient plus son fait ; l'intérieur où s'élevaient ses enfants fut trop sérieux et le sang déjà glacé par l'âge qu'il leur avait communiqué devint pour eux la cause d'une enfance délicate.

---

[1] M. de Bovet était le mari de Marie de Leusse, de la branche de la Poipe, par conséquent parent proche.

Louis fut orphelin à l'âge de neuf ans. La mort de son père amena de grands changements dans son existence, sa mère abandonnant ses résidences passées pour habiter le plus souvent à Grenoble, rue Saint-Jacques, au Passage, chez son frère, à Dye, chez son père, M. de Chabons et chez son oncle de Saint-Ferriol qui s'y succédèrent dans la charge de grand bailli du Dyois. Naturellement elle emmenait avec elle son fils et sa fille dans ces différents déplacements. Ces enfants, voyant beaucoup de monde, se développèrent assurément plus et mieux qu'ils n'auraient fait autrement. Leur intelligence s'ouvrit, se forma, et Louis devint l'homme aux nobles et larges idées qu'il se montra dans la suite, grâce au mouvement intellectuel créé autour de lui par ses rapports constants et familiers avec les premiers magistrats et les plus hauts administrateurs de la province. Ainsi la Providence conduit les événements et régit nos destinées avec une sagesse dépassant les prévisions humaines ; elle tire souvent pour notre vie de bienfaisantes influences de ce qui paraissait au premier abord devoir le plus lui nuire.

Parmi les plaisirs d'une existence changeante, toujours agréable et souvent profitable à la jeunesse en lui apprenant la science du monde, il n'y avait que peu de place pour la science tout court. On s'en préoccupait dans l'entourage de Louis. Les parents et grands-parents décidèrent qu'il fallait le mettre au collège, en 1749 : il avait alors

douze ans. Ce fut sans doute sur les conseils de
son tuteur, M. Claude de Portes d'Amblérieu,
conseiller au Parlement de Grenoble, que l'on
fit choix de l'établissement auquel il fut confié.
Toujours est-il qu'on le plaça dans une pension à
Lyon, mais je n'ai rien trouvé la désignant spécialement. Assurément, la maison ayant alors la
meilleure réputation fut préférée aux autres, car
on ne dut rien ménager pour l'éducation des enfants
orphelins du conseiller de Leusse, héritiers d'une
fortune passant pour considérable à cette époque.
La fille ne devait avoir que sa légitime ; mais au
fils revenaient, autour de Vienne, les châteaux et
les terres de Colombier et des Côtes-d'Arey, la
maison Rouge, sur Ampuis, enfin le château et
la terre de Meyzieu. Outre ces propriétés il se
trouvait encore dans l'hoirie du défunt conseiller
de Leusse des domaines détachés importants sur
partie desquels fut établie la légitime de Marie-
Josèphe, quand elle se maria ; elle fut de cent
mille francs.

Pendant l'année 1750 la santé de Louis, tour-
menté par de fâcheuses humeurs, donna assez d'inquiétudes à sa mère pour que celle-ci se vît forcée
de le retirer de son collège et de le ramener à Grenoble, où elle le fit soigner par une demoiselle
Blanc, spécialiste pour ces misères enfantines. Il
continuait à travailler, comme il pouvait, avec un
professeur à domicile. Mais Mme de Leusse était
cependant assez rassurée sur son compte pour

se déplacer une partie de la semaine chez ses
parents et ses amis, pendant que son fils suivait
ses traitements médicaux à Grenoble et que
sa fille était au couvent à Montfleury. C'était
manquer de cette tendresse inquiète, que l'on se
rappelle toujours avec attendrissement quand on
en a été l'objet, marque des mères parfaites et qui
ne leur permet point de s'éloigner de l'enfant souf-
freteux. Mme de Leusse aimait à sa manière et
s'occupait des siens autant que son devoir le récla-
mait, n'ayant sans doute pas été assez heureuse
femme pour être une mère très tendre. Peut-être
entoura-t-elle dans la suite de soins plus empressés
ses enfants de Montcla. Une certaine joie intérieure dilate le cœur, le rend attentif et dévoué.
Cette joie lui avait manqué dans sa première
union ; elle la cherchait encore et ainsi, trop préoc-
cupée d'elle-même, ne se pliait que difficilement à
s'occuper des autres. Cependant elle surveillait
avec suite, quoique d'un peu loin, l'état de santé
de son fils. Elle écrivait alors à son sujet « qu'il
était dans les remèdes jusqu'au cou, mais qu'ils
n'altéraient point sa santé au fond très bonne ».
Dans une lettre du 31 janvier 1751 elle disait
encore « qu'à part l'humeur qui le tourmentait il
était gros, dormait et mangeait bien ». Enfin,
quelques mois après, elle apprenait à M. Guillermin, son correspondant, chargé des affaires
de son fils, et avec qui pour cette raison elle avait
de fréquents rapports épistolaires, que Louis, tout

à fait guéri de ses malaises, allait retourner à
Lyon et reprendre le cours de ses études. Cette
lettre est sans date, mais elle est très probablement de 1750.

Pendant que Louis était à Grenoble auprès de
sa mère, le 9 juin 1750, on trouva bon de lui faire
écrire à M. Guillermin une lettre de remerciements pour la peine qu'il prenait en régissant sa
fortune [1]. D'une écriture enfantine très appliquée,
cette lettre contient une demande de douze louis,
avec le consentement de la mère, pour l'achat d'une
montre d'or; elle est signée : Des Côtes, et adressée à M. Guillermin, tuteur de M. des Côtes,
à Vienne. C'est assez curieux de voir Louis donner lui-même, comme marque de distinction, à
l'homme chargé de régir ses affaires, ce titre
de tuteur. Il y a au dossier plusieurs lettres,
de mains différentes, adressées à M. Guillermin
avec suscription pareille, ce qui prouve que ce
titre de tuteur de M. des Côtes emportait avec
lui un certain honneur. La noblesse était alors
haut placée dans l'estime publique et ce qui
l'approchait participait à son prestige. Maintenant on en parle couramment en termes mépri-
sants. C'est encore une manière de la distinguer.
On n'injurie que ce que l'on jalouse ou ce que l'on
redoute.

Le 30 août 1750, Louis écrivit de nouveau à

---

[1] Aux archives de Colombier.

M. Guillermin, lui disant qu'il était à Grenoble où on lui faisait prendre des remèdes et parlant de son retour à sa pension de Lyon. Il terminait en disant : « Je vous prie de faire mes compliments à tous ceux qui se ressouviennent de moi, je les aime bien. »

Enfin, le 29 décembre de la même année, il adressa une troisième lettre à M. Guillermin. Celle-ci est d'une ferme écriture courante; elle est d'un jeune homme déjà formé et suivie de la réponse du notaire viennois qui a dû garder le brouillon de sa propre lettre avec celle de son jeune correspondant. C'est dans les comptes fournis par lui que les deux missives se sont conservées.

Lettre de Louis. Il avait alors treize ans.

« Monsieur,

« Je ne veux pas laisser passer tant de temps sans vous marquer combien je suis reconnaissant de tous les soins que vous avez pour tout ce qui me regarde. Puisque je fais tant que de me procurer l'honneur et le plaisir de vous écrire, je profiterai de cette lettre pour vous souhaiter toute sorte de bonheur, tout ce qu'on peut désirer et particulièrement la santé, car c'est une chose qui m'intéresse presque autant que vous, car, Monsieur, je vous prie de ne pas douter d'un instant de là tendre et sincère amitié que j'ai pour vous. Je vous prie d'assurer de mes respects Madame Guillermin et d'être assuré de tout l'attachement avec lequel j'ai l'honneur d'être, mon cher Monsieur, votre très humble et très obéissant serviteur.

« DELEUSSE DES CÔTES. »

Réponse de M. Guillermin.

« MONSIEUR,

« J'ai reçu hier, à mon retour de Colombier, la lettre que vous m'avez fait l'honneur de m'écrire de Grenoble le 29 du mois passé. L'amitié que vous me témoignez me dédommage infiniment des peines et des soins que je prends pour vos affaires. Je ferai toujours mon possible pour vous engager à me la continuer. Ma femme est bien sensible à l'honneur de votre souvenir ; elle vous offre ses respectueux compliments. Permettez-moi de vous renouveler au commencement de cette année les assurances de respect et d'attachement avec lesquels j'aurai toujours l'honneur d'être… etc.

« GUILLERMIN. »

Le ton de ces deux lettres est intéressant à noter. La première est d'un enfant gentil, bien élevé, ayant bon cœur et montrant sa reconnaissance des soins qu'on donne à ses affaires. Elle est un témoignage de la bonhomie des caractères d'alors en province, des ménagements de la noblesse pour la classe bourgeoise qui grandissait à côté d'elle et dont les personnalités les mieux douées entraient tôt ou tard dans ses rangs par les charges ennoblissantes; elle montre la facilité des rapports d'une classe à l'autre; elles sont plus divisées maintenant, je ne dirai pas malgré la poussée démocratique, mais bien précisément à cause d'elle. La vieille noblesse, qui ne se recrute plus par les ennoblissements réguliers, voit ses rangs s'éclaircir. Il y a entre elle et les autres classes de la nation un fossé profond sur lequel autrefois la royauté jetait un pont par où passaient tous les plus utiles serviteurs du pays, toutes ses illustrations, pour assembler en son sein l'élite française. La royauté a été rejetée, le pont rompu. Du coup, la grande école de respect, de dévouement, de nobles sacrifices que formait le corps de la noblesse ainsi recruté a été détruite; elle n'est plus qu'un souvenir historique. Quelqu'un profite-t-il de sa destruction ? Assurément ce ne sont ni la fortune, ni le prestige de la France qui en ont augmenté. Jamais il n'y a eu moins qu'aujourd'hui d'union entre concitoyens; jamais on n'a senti chez nous comme à présent la patrie méprisée par l'étranger. C'est le fait démocratique : il nous divise, nous rabaisse, arrête le déploiement naturel de notre génie et de notre force. En France, à cette heure, on se dit férocement égaux et frères, mais on se dévore comme frères ennemis. La vieille hiérarchie sociale était au contraire un lien, elle l'a prouvé par plusieurs siècles de grandeur et d'union que lui doit la France ; elle servait aussi de route naturelle à tous les hommes de valeur, à tous les bons serviteurs de l'État pour s'élever progressivement des derniers rangs de l'échelle sociale aux premiers.

La seconde lettre citée tout à l'heure, la réponse de M. Guillermin, montre à la fois la distance du rang naturellement gardée, l'attachement en quelque sorte familier et respectueux de l'homme d'affaires viennois pour le petit gentilhomme encore enfant, mais qui allait devenir promptement une façon de personnage. Chacun restait naturellement à sa place sans que les amours-propres en souffrissent et dans un mutuel accord de bons offices. La vie sociale créait à cette époque une situation en quelque sorte extérieure à sa personne pour tout héritier d'un homme ayant eu un rang élevé, ayant exercé une charge importante ; cet héritier était représentatif d'un passé utile ou glorieux devant lequel tous pouvaient s'incliner sans bassesse. C'est ce qui apparaît dans la tournure respectueuse de la lettre écrite par M. Guillermin. L'enfant auquel il s'adressait avait déjà dans l'état, malgré son jeune âge, des droits et des devoirs ; ce n'est point lui, mais eux qu'on honorait. Parmi ces devoirs il en était un périodique consistant à rendre hommage au roi pour les fiefs possédés. Cet hommage continuait à se rendre dans la forme antique, comme nous avons vu, au début de cet ouvrage, Jordan de Leusse rendre hommage au dauphin Charles V en 1350. Les veuves et les enfants en pupillarité rendaient cet hommage par procureur fondé de pouvoirs. Nous avons une lettre[1] du procureur général au Parlement, François de Gallien de Chabons, oncle de Louis, dans laquelle il écrit à M. Guillermin, à la date du 18 juillet 1750, qu'il lui renverra les hommages de M. des Côtes.

Louis ne resta pas longtemps dans sa pension de Lyon. Peut-être la camaraderie n'y était-elle point excellente. Le jeune homme s'y trouvait entraîné à faire des dépenses personnelles qui inquiétaient sa famille. Mme de Vesc et M. Guillermin avaient reçu de lui des demandes d'argent bien faites pour leur inspirer, ainsi qu'à Mme de Leusse, de légitimes inquiétudes. Voici la lettre qu'avait reçue M. Guillermin :

« MONSIEUR,

« Je vous écris pour vous informer de l'état de ma santé. Je vous prierai aussi d'une grâce, ce serait de me venir voir le plus tôt que vous pourrez parce que j'aurai besoin d'argent. Je vous prie, lorsque vous viendrez me voir, de ne pas dire que

---

[1] Archives de Colombier.

vous venez m'apporter de l'argent parce qu'on trouverait cela mauvais. En cas que vous ne me trouviez ni en classe ni à la pension, je crois que vous
savez l'endroit où était mon cher oncle lorsqu'il
était à Lyon ; ce serait là ou je serais, parce que je
dois faire des remèdes qui ne se peuvent faire à la
pension. Je vous prie de venir le plus tôt que vous
pourrez.

« Votre etc...

«. Delusse (*sic*) [1]. »

Mᵐᵉ de Leusse, à qui M. Guillermin communiqua cette correspondance, la trouva fort louche et
demanda qu'on fît revenir son fils près d'elle,
ajoutant que même si elle se trompait dans son
appréciation, elle espérait que, par déférence pour
elle, on obtempérerait à ses désirs. Sa position
était assez délicate. On ne pouvait ignorer qu'elle
songeait alors à se remarier, ce qui enlevait beaucoup d'autorité à sa parole. Cependant, ce fut sans
doute à la suite de sa demande que le changement
de pension fut décidé, au moment où elle quittait
le veuvage pour épouser M. de Montcla. Son
mariage eut lieu vers la fin de 1750 ou le commencement de 1751. Peut-être Louis passa-t-il
quelques mois auprès de sa mère ou dans sa
famille à cette époque. En tout cas il dut entrer
dans la pension de M. du Désert, à Paris, le

[1] Archives de Colombier.

19 novembre 1751. Nous avons toute une correspondance de ce personnage avec M. Guillermin, relative à l'enfant qui venait de lui être confié.

Dans une lettre du 12 février 1751, M. du Désert écrit que Louis vient de prendre un maître de violon qui commence à lui apprendre la musique ; il ajoute : « Quoique mon emploi ne me permette pas d'avoir beaucoup de rapports avec les enfants, je puis vous assurer que Monsieur des Côtes est un enfant charmant, appliqué et qui contente tout le monde. »

Voici la première note, donnée par un étranger naturellement impartial, indiquant nettement le caractère de Louis. On le verra se préciser en ce sens de plus en plus. L'homme tiendra toutes les promesses données dans son jeune âge ; il restera aimable, appliqué, attachant, et cette âme, naturellement inclinée au bien, deviendra une belle âme d'abord, une grande âme ensuite.

M. du Désert fait suivre sa lettre de la note à payer. Elle donne des détails assez curieux sur l'entretien d'un fils de famille à cette époque pour mériter d'être transcrite :

« Pour le quartier de la pension au 26 avril . . . . 421 liv. 10 s.

« Pour six mois de menus plaisirs 78 »

« Gratifications, étrennes . . . . 12 »

« Six mois de blanchissage au 19 avril . . . . 48 »

A reporter . . 559 liv. 10 s.

Report . . 559 liv. 10 s.

« Six mois de frotteur   18   »

« Quartier des gages du valet de chambre.   24   »

« Etrennes des domestiques de la maison   21   »

« Pour quatre voyes de bois . .   75   »

« Maître à danser, trois mois . .   54   »

« Pour la perruque et la pommade   14   »

« Papier, plume, encre, chandelle.   16   13

« Pour des livres et le balayage de classe   19   10

« Réception à la congrégation . .   5   5

« Pour des carosses   8   4

« Pour nouveaux meubles dans la chambre.   13   16

« Blanchissage bas de soie et port de lettres   3   16

« Deux paires de souliers   17   »

« Total . . . . . . 917 liv. 14 s.

Sur ce compte, lu et vérifié par le conseiller de Portes d'Amblérieu, il y a écrit au dos :

« Vu bon pour être alloué dans le compte du sieur Guillermin pour la somme de 917 liv. 14 sous.

« A Vienne, le 12 mars 1752.

« De Portes d'Amblérieu. »

La pension était chère, mais aussi tous les écoliers n'ont pas pour les servir un valet de chambre, pour tenir propre leur domicile un frotteur, pour les former aux belles manières un maître de danse, pour les coiffer un perruquier et enfin pour développer leurs sentiments artistiques un maître de violon. M. des Côtes, puisque ainsi appelait-on Louis, eut un certain mérite, parmi tant de soins et de prévenances pour sa personne, propres sans doute à le développer intellectuellement, mais aussi à en faire un être orgueilleux et personnel, à se conserver bon, aimable et simple comme il se montra toute sa vie.

Le 16 mars suivant (1752), M. du Désert écrivit encore qu'il avait envoyé chez M. le procureur de Saint-Antoine [1] pour avoir les 720 livres que l'on mandait qu'il aurait reçues pour M. des Côtes. Elles n'étaient point parvenues. Les transports d'argent se faisaient difficilement à cette époque. Les lettres du temps sont remplies du détail des moyens compliqués usités alors pour faire passer du métal monnayé ou une lettre de change d'un lieu à l'autre. Il fallait attendre l'occasion du voyage d'une personne amie ou connue et sûre. Le 27 avril de la même année, M. du Désert écrivit de nouveau relativement à cet envoi d'argent, au sujet duquel il disait : « J'ai reçu la dernière lettre que vous m'avez fait l'honneur de m'écrire avec la lettre de change sur Monsieur Thomas. J'en ai touché le montant et vous envoye décharge en deux quit-

---

[1] Le procureur de l'abbaye de Saint-Antoine, en Dauphiné.

tances, dont l'une est de parfait paiement du mémoire que je vous ai fourni et l'autre est à valoir sur le courant. Lorsque Monsieur le procureur général de Saint-Antoine me fit remettre les 720 livres qu'il était chargé de me payer de votre part, il m'en demanda une quittance qu'il me promit de vous envoyer. Je suis très étonné que vous ne l'ayez pas encore reçue, elle était semblable à celle-ci, excepté que j'avais ajouté : par les mains de Monsieur Boudet, procureur général de Saint-Antoine. Monsieur des Côtes est fort incommodé d'une fluxion sur les yeux ; il a été chez une garde-malade et visité par Monsieur Astruc, le médecin de cette maison. Il se porte bien maintenant et est de retour ; je crois qu'il vous en aura instruit. Vous nous avez fait un vrai présent dans la personne de cet enfant ; il est charmant pour les façons et très appliqué à ses devoirs.

« J'ai l'honneur d'être, etc... »

Ainsi plus Louis grandissait et se développait, plus s'affirmaient la sagesse de sa conduite, la bonne grâce de ses manières. Son esprit naturellement honnête et droit se déployait suivant cette pente heureuse d'une façon continue. Le ciel lui avait départi, comme grâce souveraine, cette bonne volonté constante qui, mettant à profit toute occasion de bien faire, charme l'entourage du sujet si bien doué, non sans quelque mérite de celui-ci, qui doit en effet collaborer avec la nature en combattant victorieusement les sollicitations mauvaises du dehors : celles-ci ne manquent jamais. La lettre de M. du Désert reste un témoignage bien intéressant de l'estime dans laquelle ses maîtres tenaient Louis. C'est pourquoi je l'ai transcrite intégralement ; elle permet de voir le développement graduel du caractère de cet enfant qui deviendra un mari parfait, un admirable père de famille et dont la mort sera celle d'un saint et d'un martyr.

Il y a au dossier de M. Guillermin un second mémoire de juillet 1752 qui ressemble fort au premier, mais contient quelques particularités intéressantes à noter. Celles-ci :

« Pour un habit de soie et un volant. . . . . 249 liv. »

« Chapeau, plumet, bourses, bas de soye, ceinturon . . . . 64 »

« Livres de classe et balayeur . . 4 13 s.

« Maître de musique et de violon, trois mois . . . . 54 »

« A la garde-malade . . . . . . 96 »

« Médecin, chirurgien, apothicaire, ... 48 2

« A déduire seize jours d'absence et de maladie. — Ce sont les seize jours qui, passés chez la garde-malade, lui ont été payés 96 livres. »

Il est remarquable combien dans ce compte les livres de classe coûtent peu cher, mais en revanche les habits se payent un bon prix. A notre époque la proportion est toute différente. Je crains qu'on ne soit allé d'un excès à un autre. On apprend maintenant aux enfants trop de choses qui se brouillent dans leur tête sans qu'ils en puissent tirer un véritable profit et on néglige de leur apprendre la science du monde qu'on leur inculquait autrefois un peu trop libéralement et à l'exclusion d'autres connaissances utiles. Ils étaient moins savants ; ils étaient plus hommes : les caractères étaient mieux formés.

Nous serions peut-être moins aptes que nos pères à sortir à notre honneur, comme eux, de la tempête révolutionnaire par laquelle ils ont passé. Les circonstances ne font pas les hommes, c'est l'éducation qui les forme, et l'événement fait paraître ce qui est en eux. Peut-être ne feraient-elles rien luire de beau en nous, laissant trop voir un vilain fond de lâcheté, que l'on soupçonne, dont chacun sent en soi la triste présence, et qui chez nos pères était remplacé par un fond d'illusions folles et dangereuses dont nous avons assez médit. Celles-ci cependant marchaient de compagnie avec un magnifique courage dans lequel nos devanciers drapèrent au moins leurs fautes ; par quoi leur vie finit couronnée d'honneur. C'est la fleur de leur tombeau et l'excuse de leurs erreurs devant la postérité. Quelle sera la nôtre ?

Louis, pendant ses années de travail à Paris, avait de fréquents rapports avec la haute société dans laquelle il était bien reçu grâce aux relations de sa famille. C'est pour cela qu'on lui avait acheté un bel habit de 249 francs. Il apprenait ainsi à se conduire dans le monde, ce qui ne se trouve point dans les livres. Il lui fallait, pour mener cette existence si différente de celle des écoliers actuels, dépenser ce que nous appelons maintenant de l'argent de poche. On n'en garnissait pas outre mesure la sienne et avec raison. Aussi ne savait-il à qui s'adresser pour se procurer les sommes nécessaires à ses menues dépenses. Il écrivit à son oncle de Chabons pour lui faire part de son embarras et celui-ci, le comprenant très bien, demandait à son tour à M. du Désert, dans une lettre, datée du Passage, le 28 octobre 1752, de lui indiquer une personne sûre qui se chargerait d'être son correspondant pour cette matière. Il disait que son neveu à Paris ne savait à qui s'adresser « pour un certain petit détail de minuties qui le concernent et pour lesquels les grands à qui il a été recommandé ne sont pas propres, outre qu'ils ont trop d'affaires [1]. »

Il se fit bien des changements dans l'entourage de Louis pendant les années de son séjour à Paris où il était encore en 1756. Sa mère s'était remariée en 1751 ; sa sœur avait épousé le marquis de Vesc le 21 septembre 1753. Il n'avait pour ainsi dire plus de foyer et sa jeunesse était fort abandonnée au moment où elle aurait eu besoin plus que jamais d'être soutenue et dirigée. Ce n'était point sans

[1] Archives de Colombier.

cause que la Providence l'avait doué d'un heureux naturel : elle avait ainsi divinement balancé les dangers à courir et la force pour les surmonter. Son père mort, sa mère devenue Mme de Montcla et occupée par la nouvelle famille qu'elle s'était créée, Louis n'avait pour veiller sur lui que son oncle de Chabons et son tuteur, M. de Portes d'Amblérieu, tous deux très bons, mais également très occupés par les charges importantes qu'ils remplissaient. Aussi ces messieurs, préoccupés de la responsabilité qui leur incombait au sujet de ce jeune homme à des titres divers, voulurent-ils s'en décharger en confiant le soin de diriger sa conduite à un certain abbé Pion qui vint vivre avec Louis à Paris. Cet abbé, pour une raison ou pour une autre, ne s'accommoda pas longtemps de demeurer avec son élève dans la pension de M. du Désert. Celui-ci écrivait, en effet, le 10 mai 1756 à M. Guillermin pour lui dire que M. des Côtes était sorti de sa pension, son précepteur ayant trouvé plus avantageux pour son éducation de le placer avec lui dans une petite pension. Il ajoutait : « Je me suis toujours bien douté que cela arriverait lorsque j'ai vu auprès de lui Monsieur l'abbé Pion. Je ne crois pas qu'il s'en débarrasse aisément. »

J'ai sous les yeux les comptes de pension de l'année 1753 chez M. du Désert. Les recettes sont portées à 5.364 francs et les dépenses à 5.215 francs. C'est cette somme qui a été remise à M. l'abbé Pion et dépensée par lui pour son élève au cours d'une année. Il n'y est point question de ses gages qui étaient payés à part. C'est là un budget de fils de famille opulente, mais Louis était riche et pouvait se permettre une telle dépense sur ses revenus en faisant encore de grandes économies.

Parmi les dépenses citées dans le mémoire de 1756 je trouve les suivantes :

« Un habit de velours. . . . . 32 fr. »

« Déjeuner donné par Monsieur des Côtes à ses amis . . . . 32 »

« A Monsieur Le Sac, maître de pension . . . . 300 »

« Un vêtement complet soye et deux culottes. . . . . 271 »

« Menus plaisirs par mois. . . . 50 »

« Saint-Louis, le domestique, logé à part, sa chambre par mois. . 10 »

« Le 13 août voyage en Bourgogne de l'élève, du professeur et du valet de chambre, deux places pour Dijon . . . . 60 »

« Une place dans le panier pour le domestique . . . . 18 »

« Nourriture pendant sept jours en voyage . . . . 65 14 s.

Louis allait passer deux mois de vacances à Pluveau chez M. de Mondragon.

« Donné à Monsieur des Côtes pour ses vacances, suivant l'usage . . . . 200 fr. »

« Étrennes aux domestiques de
Monsieur de Mondragon. . . . . .   36 fr. »

« Retour à Paris le 10 novem-
bre   130   »

« Une veste d'écarlate galonnée
en or, à la Bourgogne.   98   »

« Loyer d'un appartement, un
quartier échu   30   »

« A Monsieur l'abbé Pion pour ses
honoraires d'un an.   800   »

« Nourriture deux mois et demi
à trois personnes.   350   »

Louis avait alors dix-neuf ans. Il allait bientôt
être émancipé et pouvoir diriger lui-même ses
affaires. Sans doute il fit encore un séjour de près
de deux ans à Paris sous la demi-surveillance de
l'abbé Pion. Il ne nous est resté aucun document
sur l'année 1757. C'est vers cette époque qu'après
avoir passé les examens nécessaires, il fut pourvu
du grade d'avocat[1] préparatoire à la carrière de
la magistrature vers laquelle tout le poussait, le
souvenir de son père et son entourage familial.
Aussi l'année suivante, le 28 novembre 1758,
obtint-il du roi les lettres lui conférant la charge
de conseiller au Parlement de Grenoble. Ces charges
s'achetaient et même fort cher, de soixante à
quatre-vingt mille francs[2], ce qui représentait un

---

[1] Diplôme aux archives de Colombier.
[2] D'après M. d'Avenel (*Revue des Deux Mondes*, 15 mars

gros capital pour l'époque ; mais il fallait, pour
avoir le droit de s'en rendre acquéreur ou du moins
de les exercer, remplir des conditions strictes qui
assuraient, autant que possible, le bon fonction-
nement de la justice. Les examens passés par le
candidat prouvaient sa science suffisante ; il devait
en outre appartenir à une famille honorable et
montrer par le prix élevé de la charge qu'il était
au-dessus du besoin et possédait des ressources
assurant son indépendance. Une fois admis à siéger
il apprenait ses nouveaux devoirs en chambre du
Conseil sous l'œil sévère des vieux conseillers qui
achevaient sa formation juridique. Ainsi l'inamo-
vibilité de la magistrature et ses origines, car elle
sortait toute de la bourgeoisie riche et éclairée et
de la noblesse, en faisaient une puissance dans
l'État et une intègre distributrice de la justice
entre les citoyens.

La charge de conseiller au Parlement de Grenoble avait été vendue à Louis de Leusse le 8 août
1758 par le Parlement lui-même, représenté par le
syndic de la compagnie, le conseiller de la Colom-
bière. La charge appartenait à Philippe-Marie-
Guillaume de Grammont, gouverneur de Crest,
héritier du feu conseiller Aymard-Félicien de Micha
de Burcin.

Comme à cette époque les capitaux n'étaient pas

1906) une charge de conseiller au Parlement au xviie siècle
valait en province 140.000 francs de notre époque.

faciles à se procurer, pour arriver à payer sa charge Louis dut faire des emprunts ; l'un d'eux, d'une somme de sept mille livres, fut contracté chez le conseiller Joachin de Pina de Saint-Didier, dont la veuve Marie-Thérèse de Garagnol en touchait encore les revenus le 29 août 1802. Il y a dans nos archives tout un dossier relatif à cette dette par suite de retards apportés à payer les premières annuités, ce dont s'excuse Louis dans la lettre suivante adressée à M. de Pina, à Grenoble :

« Je ne saurais, Monsieur, me plaindre des poursuites que vous faites contre moi en justice pour être payé. L'on m'a soufflé la première assignation. Je ne l'ai point receu. Sans cela vous auriez à présent receu (*sic*) vos intérêts de trois ans. Des réparations considérables et un château fait en dix-huit mois m'avaient mis un peu en arrière. Mais vous pouvez compter que dorénavant vous recevrez au temps marqué ce qui vous est dû. Je vous prie de me faire l'amitié d'arrêter toute poursuite et de me dire à qui vous voulez que je fasse compter les trois annuités échues, à Vienne ou à Lyon, ou bien si vous aimez mieux attendre jusqu'à la fin de ce mois. Monsieur Guillermin doit aller à Grenoble et vous remettra en mains propres tous vos intérêts.

« Je vous prie de suspendre vos poursuites jusqu'au premier juin, pour me donner les moyens de vous satisfaire. Faisant tant que de vous promettre, vous pouvez bannir toute inquiétude.

« Je vous prie de faire agréer mes très humbles hommages à Madame de Pina et de me croire avec un respectueux attachement,

« Votre très humble et très obéissant serviteur.

« DE LEUSSE.

« A Lyon, rue de la Charité, dans la maison de Monsieur de Nervo, le 1er mai 1770. »

Cette lettre nous indique quels étaient alors les occupations de Louis. Revenu en Dauphiné à partir de 1757, il dut, sous l'habile direction de M. Guillermin, s'initier à l'administration des biens considérables qu'il possédait dans la province. Il habita tour à tour à Lyon et dans ses maisons des Côtes-d'Arey et de Meyzieu, quand il n'était pas à Grenoble où l'attirèrent souvent les devoirs de sa charge à partir de 1759. Sa propriété de Meyzieu, située à quinze kilomètres de Lyon, lui plut de préférence aux autres et il se décida, comme nous l'apprend sa lettre, à rebâtir complètement l'habitation en 1758 et 1759. Il la construisit telle qu'on la voit encore maintenant, car je ne crois pas que les nouveaux propriétaires aient apporté des changements à la bâtisse proprement dite. Je n'en ai pas visité les dispositions intérieures, mais le château paraît extérieurement de bonnes dimensions, de bon style et agréable. Il y a tout proche une grosse tour indépendante, reste sans doute du vieux logis ; tout autour une assez belle futaie, sur un mamelon dominant le village ; l'église est bien près à l'ouest, et la plaine se déroule, au nord, à perte de vue vers Lyon.

'A partir de 1760, Louis séjourna davantage à Grenoble, où l'attiraient forcément ses devoirs de conseiller au Parlement. A vingt-trois ans qu'il avait alors, ils devaient consister surtout à écouter parler, discuter et juger les anciens. Je m'imagine que jamais il n'eut un goût bien prononcé pour une occupation qu'il devait abandonner de bonne heure ; les séances en chambre du Conseil durent lui paraître longues, l'éloquence des vieux conseillers un peu pesante. Peut-être les écoutait-il d'un air distrait, et s'il faisait son profit des événements judiciaires qui se déroulaient autour de lui, il ne perdait pas de vue les faits de moindre importance qui se passaient dans sa chère résidence de Meyzieu. Nous voyons ce double travail de son esprit paraître dans une lettre écrite par lui de Grenoble le 1er juillet 1760, dans laquelle il traite de délits de chasse commis dans ses propriétés de Meyzieu. La noblesse dauphinoise défendait jalousement ses droits à ce sujet ; ils étaient souvent méconnus, car de tout temps nos paysans ont été braconniers ; autrefois on leur faisait des procès, maintenant on ne leur en fait plus. Du reste la chasse alors n'était pas plus sévèrement gardée en nos pays qu'elle ne l'est encore dans les environs de Paris. Louis, qui sans doute aimait chasser, promettait 6 francs à celui qui découvrirait les délinquants, ajoutant qu'il faudrait les poursuivre devant la justice des eaux et forêts de Saint-Marcellin, plus sévère et plus prompte que le juge nommé à Meyzieu par lui-même. Il est curieux de voir cette justice seigneuriale si débonnaire et si indépendante que la personne qui faisait la nomination du juge préférait, pour ses propres affaires, recourir à un autre tribunal. Le nom du garde particulier du seigneur de Meyzieu était Barrantin et Louis ajoutait que cet homme pouvait faire arrêter légalement tout délinquant et le mettre dans la prison du château pour vingt-quatre heures, pour le faire conduire de là dans les prisons de Vienne. La lettre, abordant d'autres sujets, donne cette nouvelle :

« Granjand a été exécuté deux jours avant mon arrivée à Grenoble ; il fut condamné à avoir le poing coupé et à expier sur la roue ; il a été étranglé après avoir été roué, ce qui se pratique ordinairement. Il a souffert avec une constance héroïque tous ces tourments sans se plaindre et sans murmurer ; il s'est confessé et a donné en mourant tous les signes d'un parfait chrétien. Il ne s'est pas trouvé avoir un seul complice, chose bien singulière dans la multiplicité et dans la difficulté des vols qu'il a faits. De sorte que tous ceux qui étaient en prison avec lui ont été renvoyés absous.

Bien des compliments à Madame Chenavas[1], à Monsieur le Curé et à ses nièces.

« Leusse des Côtes. »

Louis modifie, on le voit, sa signature. Il n'est déjà plus M. des Côtes, comme dans son enfance. Son nom de famille paraît le premier ; il va paraître seul bientôt. La terre des Côtes, où le maître ne vient que rarement, sera oubliée ; le fils de Louis n'en portera pas comme lui le nom dans sa jeunesse, mais s'appellera M. de Meyzieu. Mon grand-père maternel a été connu sous ce nom-là.

[1] Femme de M. Chenavas, notaire de Meyzieu, à qui il écrivait.

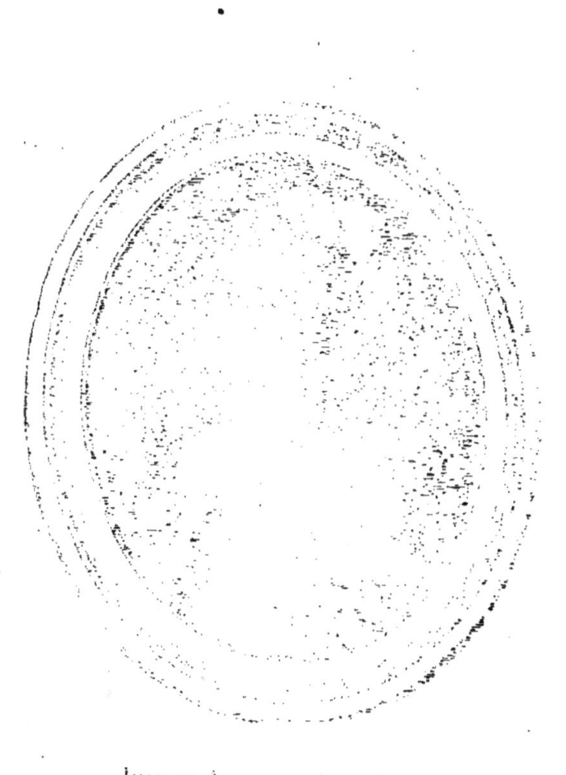

JEANNE-ANTOINETTE DE [illegible]
MARQUISE DE [illegible]

Jeanne-Antoinette de Laure
marquise de Leusse

II

Les années passaient et dans l'entourage de
Louis on désirait le voir s'établir et fonder un
foyer. Dernier représentant de son nom en Dauphiné, il avait bien, dans la branche lorraine, deux
cousins issus de germains, Charles-François et
Louis-Joseph de Leusse, mariés le premier à
Mlle de Bannerot, le second à Mlle de Rebouchec ;
les substitutions de la famille devaient faire passer
sur leurs têtes toute la fortune de Louis si celui-ci
ne laissait pas d'enfants mâles à son décès. Mais
ces Leusse lorrains, inconnus en Dauphiné, suivant d'un œil attentif les faits et gestes du chef
de leur maison, avaient peu de rapports avec la
famille dauphinoise qui n'était point désireuse de
les voir profiter des dispositions testamentaires de
Louis III. Aussi pressait-on Louis IV d'assurer
l'avenir en se mariant. Il avait atteint ses vingt-
huit ans et il était temps d'y songer. Non loin de
sa résidence de Meyzieu vivait dans le château de
Bron, avec sa mère, une charmante jeune fille,
Mlle Antoinette de Laube. Ce fut elle qui fixa son

choix. Elle appartenait à une vieille famille, originaire, dit-on, de Flandre, en tout cas établie en Dauphiné et en Lyonnais au commencement du xvie siècle, et dont la branche aînée s'était éteinte en Normandie pendant les guerres de religion ; ses biens y avaient été pillés par les religionnaires et la maison de Louis de Laube, sise à Paris rue du Figuier, avait été brûlée à la même époque. La famille de Laube avait contracté de grandes alliances et ses représentants avaient exercé des charges considérables, celles d'écuyer du roi, de trésorier de France, de maître des eaux, de gentilhomme de la chambre du roi. Gaspard de Laube, ancêtre direct. d'Antoinette, était fils de Louis susmentionné et de Radegonde de Rouvet. Il servit avec distinction le roi Henri IV et fut l'un des cent gentilshommes de la maison de ce prince au service duquel ses biens furent ruinés. Prisonnier en 1592 d'un officier de la Ligue, il n'obtint sa liberté qu'au prix de deux cents écus d'or. Pour le récompenser de ses services et le dédommager de ses pertes, Henri IV lui fit don, en 1590 et 1592, de plusieurs domaines, lui assura des rentes annuelles héréditaires qui continuèrent à être payées à ses descendants jusqu'au xviiie siècle. Les titres en existent encore dans les archives de la famille de Leusse, au château de Colombier.

Les négociations pour le mariage de Louis de Leusse avec Antoinette de Laube durèrent un certain temps, puis, tout étant convenu, les fiancés, sous la conduite de la comtesse de Laube de Saint-Jean, mère de Jeanne-Antoinette, firent un voyage en Bourgogne pour y être présentés à leurs parents résidant en ce pays et particulièrement au président de Fleutelot de Beneuvre, grand-oncle de la future, doyen du Parlement de Bourgogne, qui fit dans la suite des legs importants aux enfants de la marquise de Leusse. Pendant ce voyage on passa par Corcelle, d'où Louis écrivait le 3 mars 1765 à son futur beau-frère, le comte André-Emmanuel de Laube, mousquetaire, au palais royal, à Lyon.

« De nouvelles affaires, mon cher de Laube, sont survenues qui retardent notre départ de vingt-quatre heures. En sorte qu'au lieu de partir dimanche nous partirons le lendemain lundi, et nous n'arriverons que mercredi prochain. Tout le monde se porte à merveille. Je me suis chargé d'être le secrétaire de la maison tant pour le plaisir que j'ai de vous écrire que parce que l'abbé (?) est très fatigué, s'est couché de bonne heure pour repartir demain à quatre heures du matin. Madame de Saint-Jean (sa future belle-mère) me charge de vous dire d'envoyer tout de suite un exprès à Madame de Laube à Bron [1] afin qu'elle ne soit point en peine, et la Seurillon (la future marquise de Leusse) vous prie d'aller voir Mademoiselle

---

[1] Gabrielle de Menon, veuve d'André-Emmanuel de Laube et mère de la comtesse de Laube Saint-Jean.

Guillien pour le même objet et de lui dire de la venir voir à Bron. Adieu le plus aimable des mousquetaires et le plus cher de mes amis.

« LEUSSE. »

Un peu moins de trois mois après, le mariage projeté avait lieu au château de Bron. Le contrat de mariage de Louis et d'Antoinette, acte sur parchemin, visé pour les preuves de Malte par le chevalier de Loras, est aux archives de Gourdan. Voici l'analyse de ce document :

« Par-devant les notaires et les témoins soussignés furent présents messire Louis de Leusse, chevalier, seigneur des Côtes-d'Arey, Saint-Mamert, Meyzieu, etc..., conseiller au Parlement de Grenoble, procédant de l'avis, autorité et consentement de dame Catherine de Galien de Chabons, sa mère [1], ici présente, et Jeanne-Antoinette de Laube, fille de messire Jean-Henri de Laube, comte de Saint-Jean, et de dame Marie de Laube, ici présente, ladite demoiselle de Laube de l'avis et conseil de Monsieur Aimé Guillin Layer du Montcel, avocat au Parlement de Paris, doyen des conseillers du roi, ancien échevin de Lyon, qu'elle s'est donné comme curateur et conseil, et de l'avis de la dame de Laube, comtesse de Saint-Jean, sa mère, et de dame Anne-Gabrielle

---

[1] Remariée alors à M. de Montcla, conseiller au Parlement.

de Menon de Ville, son aïeule, veuve de messire André-Emmanuel de Laube, seigneur de Bron, baron de Corcelle. La dot de la future est de vingt mille livres, plus une somme de dix mille livres à elle assurée par son frère André-Emmanuel de Laube, mousquetaire dans la première compagnie du roi. La demoiselle future épouse se constitue de plus en dot douze cuillers, douze fourchettes, quatorze cuillers à ragout, six cuillers à café, un porte-mouchettes, deux flambeaux, une écuelle couverte avec son assiette, et le tout argent neuf et marqué aux armoiries de feu messire Antoine-Joseph de Laube, chevalier de l'ordre de Saint-Jean-de-Jérusalem, commandeur de Tortebèse, et douze couteaux à manche de bois morné en vermeil, le tout estimé trois mille livres.

« Fait et passé dans le château de Bron, le 1er juin de l'année 1765, avant midi, en présence de messire Claude Rey, docteur en Sorbonne, curé dudit Bron, de messire Claude Samboyant, prêtre et chanoine de Varambon et bachelier en théologie, demeurant audit Bron.

« GUILLERMIN, *notaire royal.* »

La dot était mince ; Louis avait cherché dans cette alliance d'autres avantages que ceux de la fortune ; il les trouva et celle-ci par surcroît, tous les biens de la famille de Laube étant venus reposer sur la tête d'Antoinette trois ans après, à la mort de son frère, arrivée le 24 septembre 1768.

De l'union contractée à Bron, le 1er juin 1765, naquirent huit enfants, quatre garçons et quatre filles : André-Emmanuel-Émile, né le 26 juin 1766; Marie-François, né à Vienne, le 14 juillet 1767 ; Jean-Louis-Éléonor, né le 13 janvier 1769, mort deux mois après ; Joseph-Augustin-Claude-Gabriel, né le 16 mai 1770 : Marie-Sophie, née le 4 octobre 1771 ; Marie-Adélaïde, née le 7 septembre 1774 ; Hélène, née le . . . . . 1775 ; Élise, née le . . . . . 1775.

Nous avons l'acte de baptême de François, « extrait des registres de la ci-devant paroisse Saint-André-le-Bas, déposés à la commune de Vienne, département de l'Isère :

« Le mercredi 15 juillet 1767 a été baptisé François-Marie, né hier, fils légitime de Louis Leusse et Antoinette Laube, mariés. Le parrain a été François Chabons, représenté par le nommé Mouton, domestique dudit Leusse, et marraine Marie Saint-Jean Laube, veuve, représentée par la nommée Tissier, femme de chambre de ladite Leusse.

> « *Signé :* Deleusse, Guillermin, Charvet, *archidiacre,* pour mon frère.
> « Certifié par les administrateurs municipaux : Reymond, Boissat, Gauthier. »

Quoique la succession de Louis parût bien assurée par la naissance de deux fils, à un an de distance, les parents lorrains réclamèrent certaines assurances au sujet d'une substitution possible. Dans une lettre datée de Rosières-aux-Salines, le 31 août 1767, Charles-François de Leusse de Givray, qui avait épousé Marie-Anne de Bannerot, opposait à son cousin Louis de Leusse toutes les réserves de droit au sujet des sommes versées comme dot à la marquise de Vesc. Ces pourparlers n'eurent point de suite. Charles-François et sa femme vécurent sans postérité et moururent dans un état voisin de la pauvreté, vu leur naissance, comme s'exprimait, dans une lettre du 14 mai 1835, le curé de Rosières-aux-Salines qui les avait connus. Louis-Joseph de Leusse, frère de Charles-François, ayant épousé, en 1774, Mlle de Rebouchec, émigra, dit-on, en Bohême pendant la Révolution ; il mourut sans laisser ni postérité connue ni traces.

L'année même de la naissance de son fils François, Mme de Leusse, une fois remise de ses couches, suivit son mari à Paris pour y être présentée au roi Louis XV. C'est probablement à cette occasion que Louis de Leusse obtint du roi le titre de marquis sous lequel il est désormais reconnu, dont il signe ses lettres, qui lui est donné dans les actes officiels et entre autres, en 1788, par les commissaires enquêteurs de la noblesse, avec lequel il figura aux états généraux de 1789 sur la liste des gentilshommes. Je possède un portrait de ma vénérable aïeule, la marquise de Leusse, exécuté trois ou quatre ans après, en 1771 probablement [1] ; elle est en grande toilette, comme elle a raconté elle-même bien des fois qu'elle a paru à la cour : on appelait cela monter dans les carrosses du roi, car après avoir été présenté, on suivait le roi à la chasse dans les voitures de la cour. Il fallait alors pour obtenir la présentation avoir fait ses preuves de noblesse depuis 1399.

Ce fut l'année suivante, en 1768, que la marquise de Leusse perdit son frère et devint, par suite de cette mort imprévue, la dernière du nom de Laube et l'héritière de tous les biens de cette famille. Voici l'acte de décès d'André-Emmanuel de Laube :

« Le 24 septembre 1768 est décédé dans la communion de notre mère sainte Église, après avoir reçu les sacrements, messire André-Emmanuel de Laube, écuyer, comte de Saint-Jean, baron de Corcelle, seigneur de Bron et autres lieux, mousquetaire du roi, âgé de vingt-huit ans, fils de noble Henri de Laube, comte de Saint-Jean et de dame Marie de Laube, comtesse de Saint-Jean, dont le corps a été inhumé dans la chapelle située dans

---

[1] Ce portrait, peint par Coguell, est daté de 1771 ou 1773, le dernier chiffre est peu visible. C'est notre seul portrait de famille ancien, échappé à l'incendie et au pillage des châteaux de Meyzieu et des Côtes-d'Arey en 1789 où tous se trouvaient. Celui-ci a été préservé du sort des autres probablement parce qu'il était alors dans l'appartement de Lyon. Le portrait du marquis de Leusse n'est point aussi sûrement authentique que celui de la marquise.

l'église de Maclas par moi curé, avec tous les honneurs dus à son rang et à sa qualité, en présence de Monsieur le marquis de Leusse, beau-frère du défunt, de Monsieur Chol, docteur et médecin de Lyon et autres soussignés.

> « *Signé au registre :* DE LEUSSE, noble CHOL, *docteur médecin*, CARTIER, *chirurgien*, JAMET, *vicaire de Roissy*, MATHIVET, *curé de Maclas*.
>
> « Extrait certifié conforme le 2 février 1779.
>
> « *Signé :* MATHIVET, *curé de Maclas*. »

Par le fait de la mort de son frère, Mme de Leusse, dont toute la fortune devait se réduire à trente mille francs de capital, héritait de six cent soixante-seize mille francs, suivant l'estimation faite par elle-même dans son testament écrit en 1831. C'était une grosse somme à cette époque où les milliardaires étaient encore inconnus. Cette fortune qui paraissait devoir augmenter et assurer son bien-être, fut la cause même de ses pires chagrins, grâce aux sentiments d'envie excités par elle en l'âme d'un gredin, fils naturel d'André de Laube, et nommé Valbe-Monteval. Cet homme, poussé par le désir de s'approprier les biens de celui que l'on disait être son père, quand les lois révolutionnaires firent miroiter à ses yeux la possibilité d'atteindre ce but, poursuivit le marquis de Leusse de sa haine, le dénonça plusieurs fois aux tribunaux révolutionnaires, le conduisit ainsi à l'échafaud où sa femme et ses fils l'auraient suivi s'ils n'avaient pu prendre à temps la fuite.

De 1768 à 1789, M. et Mme de Leusse, résidant tour à tour à Lyon, à Vienne, dans leur hôtel, où naquirent presque tous leurs enfants, au château de Bron avec Mme de Laube, à la Maison-Rouge, sur Ampuis, à l'époque des vendanges, rarement aux Côtes-d'Arey, le plus souvent au château de Meyzieu, vécurent leurs années heureuses. Autour d'eux s'augmentait et croissait leur jeune famille. C'était le temps des belles illusions libérales ; le temps de l'accueil amical fait à ces nouveautés qui devaient régénérer la France, disait-on, à ces empoisonneurs, comme Jean-Jacques Rousseau dont le rôle était de les répandre, et qui travaillaient ainsi, sans que les contemporains s'en soient doutés, à la ruine de l'édifice social. Les victimes se couronnaient de roses et préparaient elles-mêmes le sacrifice. De nos jours, il y a eu depuis trente ans dans le monde des affaires, dans la bourgeoisie riche, dans le milieu des écoles un courant d'idées un peu pareil. Mais à cette heure il paraît moins en faveur : l'instinct de la conservation averti par l'exemple du passé, par l'exemple des nations voisines dont l'élite se défend mieux de cette maladie morale, tend à produire chez nous une réaction générale dans les têtes réfléchissantes. S'il plaît à Dieu que cette évolution se continue, la société pourra être sauvée sans nouveau cataclysme, car le populaire suivra toujours le noyau dirigeant.

M. et Mme de Leusse résidèrent habituellement à Meyzieu à partir de 1768. C'est à cette époque que le château fut reconstruit ; les travaux, menés activement, étaient terminés en 1770, au moment où Louis écrivait à M. de Pina la lettre citée plus haut, pour s'excuser du retard apporté dans le paiement des intérêts dus pour la somme empruntée au moment où il lui avait fallu payer sa charge de conseiller au Parlement, que, du reste, il ne conserva pas longtemps. Embarrassé par la gestion d'une fortune territoriale importante, plein aussi de scrupules sur la manière dont il rendait ses jugements, Louis renonça de bonne heure à sa carrière, abandonnée en 1770, comme le prouve le titre d'ancien conseiller qui lui est donné à cette époque dans un acte de son procès avec M. de Pina.

Ainsi la conscience scrupuleuse et toujours en éveil de Louis fuyait le soupçon d'injustice. Bien mieux, elle scrutait déjà avec une inquiète attention le problème de la destinée humaine, pendant les années les plus fortunées de son existence, après son mariage. Spectateur étonné de cette époque brillante où tous les luxes coudoyaient toutes les misères, préparant l'éclosion des convoitises et des haines dont les effets ne tarderaient pas à épouvanter le monde, Louis, placé par la Providence parmi les hommes les plus heureux de son temps, riche seigneur, mari d'une femme charmante chère à son cœur, père de beaux enfants, contemplait le contraste que faisaient avec le sien les intérieurs des pauvres gens soutenus par sa constante charité ; il se demandait le pourquoi de ces inégalités sociales qui n'avaient point choqué la masse des esprits pendant de longs siècles et dont le spectacle familier paraissait tout à coup monstrueux à ses contemporains. Lorsque d'autres soulevaient en sceptiques de tels problèmes, simplement pour en amuser leur désœuvrement, il en nourrissait sa pensée, cherchant dans cette contemplation, à la lueur du Christianisme pratique, base de sa vie morale et sociale, une règle d'action. C'était, nous l'avons dit, une âme naturellement noble, désintéressée et haute ; toute sa conduite et ses écrits en témoignent, nous le verrons par la suite de ce travail. Voilà donc un homme scrupuleux au point de ne vouloir plus exercer sa charge judiciaire dans la crainte de la mal remplir, tout occupé d'œuvres charitables, désintéressé comme en témoignent ses écrits. Il passera parmi les siens et dans le monde élevé où sa naissance et sa fortune lui assurent un rang honorable, simplement, modestement, effacé, prêt à sacrifier des avantages que d'autres auraient pu considérer comme des droits légitimes. Qu'en résultera-t-il ? Il sera victime de la révolution qu'il pressent, dont il croit dans son cœur, comme beaucoup de ses contemporains, certaines parties légitimes. Ce juste sera guillotiné. Les gens de son espèce et lui eussent mieux servi la justice, la vérité et la France en faisant reculer par la force alors en leurs mains la barbarie naissante, en détruisant dans leurs racines les faux dogmes égalitaires, en refusant à la démocratie ignorante la direction politique réservée dans tout État prospère aux compétences créées par le travail, la situation, la coutume. Ils n'ont point su connaître ce devoir naturel de l'aristocratie et le remplir quand il était encore facile de le faire. Ils durent à cette méconnaissance la perte de leurs biens et de leur vie. Quelle en fut la suite naturelle ? D'autres, moins dignes qu'eux, moins désintéressés, moins capables, prirent leur place et formèrent une aristocratie nouvelle, car il en faut toujours une à la tête d'un grand peuple. Mais celle-ci, sans autre idéal que le succès de ses affaires et que la possession des jouissances de la vie, sacrifia les intérêts de la France aux siens. Depuis lors notre pays, ballotté de l'anarchie au despotisme, cherche péniblement et sans succès, parmi de continuels orages, une constitution stable lui donnant enfin la prospérité et la paix. Il ne les retrouvera qu'en revenant aux principes bases séculairement nécessaires et efficaces de l'ordre social, à la monarchie tempérée, limitée par les libertés des grands corps de l'État, des corporations, des groupements provinciaux, et en se délivrant de l'oppression que fait peser sur lui une démocratie imbécile, en se délivrant du joug d'un parlementarisme aveugle dont la loi constante, naturelle, est de rendre ses représentants inaccessibles à tout autre sentiment qu'à celui de l'intérêt personnel. Nos pères ont laissé naître et grandir un fléau qui les a tués et dont meurt la France. La tâche de leurs descendants sera de le combattre et, s'ils le peuvent, de le faire disparaître.

Après avoir donné sa démission de conseiller au Parlement de Grenoble, Louis, n'ayant plus le devoir de faire en cette ville de longs séjours, employa le temps devenu libre à mettre en valeur sa propriété de Meyzieu. Il devint un agriculteur habile et j'ai entendu conter dans ma jeunesse par mon père, qui le tenait de sa grand'mère, que la culture de la pomme de terre fut introduite en Dauphiné par le marquis de Leusse. Celui-ci s'occupait en même temps activement des affaires communales du pays où il avait fixé sa résidence. Sa situation de seigneur de ce bourg ne lui permettait point d'en être le maire, mais il a cependant laissé dans les archives municipales de Meyzieu de curieuses traces de son action sur les habitants du lieu, alors en fort mauvais termes avec leur curé nommé Quinqueton. Le 8 avril 1768, il y eut une réunion, sur la place de l'église, à laquelle prirent part les notables et le marquis de Leusse au sujet de la requête formée par le curé relativement à la clôture du cimetière. Les habitants ainsi réunis se plaignirent amèrement de leur pasteur, de la continuité des chicanes, des vexations qu'ils éprouvaient de sa part « depuis qu'ils avaient le malheur de l'avoir pour curé ». M. de Leusse signa comme les autres le procès-verbal de la réunion, protestant contre les prétentions de M. Quinqueton. Celui-ci devait exercer pendant plusieurs années encore la patience de ses ouailles. C'était peut-être un excellent prêtre, mais de caractère mal fait ; il fallait qu'il fût bien excessif pour amener les protestations d'un homme modéré et foncièrement religieux comme était Louis, que sa conscience délicate défendait contre toute action inconsidérée et violente. J'ai retrouvé, dans les archives de la municipalité de Meyzieu, relatives aux années 1774, 1775, 1777, les traces du désaccord dont il vient d'être parlé. A la première de ces dates se trouve une délibération des habitants réunis sur la place de l'église pour approuver la restauration et le prix fait d'un mur communal à reconstruire le long du jardin du curé. M. de Leusse prend part à la délibération.

Le 25 juillet 1775, Louis passa un bail pour un terrain situé à Meyzieu. Il le louait à son garde-chasse nommé Benoît Beaux. Cet acte mit de nou-

veau le feu aux poudres et donna lieu à un long et
curieux procès, auquel est mêlé le curé Quinqueton, parce que Beaux avait établi un cabaret sur
le terrain ainsi loué et proche de l'église. M. de
Leusse, l'affaire se poursuivant encore deux ans
après, se rendit à Grenoble, le 17 mars 1777, dans
l'hôtel des arbitres choisis pour terminer les con-
testations du curé Quinqueton avec les consuls de
Meyzieu qui avaient pris parti pour Benoît Beaux.
Ces arbitres étaient les conseillers de Meyrieu et
Reynaud. Au cours de ces discussions les consuls
de Meyzieu produisirent un mémoire contradic-
toire aux prétentions de leur curé, dans lequel ils
affirmèrent que de temps immémorial les habitants du pays avaient joui du droit de se faire
enterrer gratis et que, d'après un usage aussi
ancien, le curé devait faire à ses frais la four-
niture des cordes pour la sonnerie des cloches de
l'église.

Le marquis et la marquise de Leusse formaient
un ménage parfait et bien rarement séparé. S'il
fallait que l'un d'eux fît quelque absence, ils s'écri-
vaient alors de longues lettres qui prouvent l'union
tendre et l'intimité existant entre eux. J'en don-
nerai pour preuve une lettre écrite de Meyzieu le
19 août 1773 par M. de Leusse à sa femme qui
était allée faire visite à sa belle-sœur la marquise
de Vesc à son château d'Upie, près de Crest. Les

enfants étaient restés à Meyzieu près de leur père qui donne de leurs nouvelles à sa femme, après avoir comblé celle-ci de douces paroles et de petits vers que je transcris ici sans trop en vanter le mérite littéraire. Ils prouvent du moins qu'il y avait encore d'excellents ménages au xviii° siècle, malgré le mauvais renom de cette époque :

« J'ai reçu ta dernière lettre, ma bonne amie, le même jour que j'en ai mis une pour toi à la poste. Ce petit commerce est un léger dédommagement à l'absence, mais c'en est pourtant un bien véritable. C'est même le seul. Il alimente mon cœur qui, sans cette nourriture, se flétrirait. Le cœur a ses besoins comme le corps. Le premier doit aimer pour vivre, le second doit manger sous peine de mort. Le premier peut vivre sans aimer, mais ce n'est qu'en se nourrissant d'autres sentiments quelconques, moins nobles et souvent vicieux. S'il n'éprouve aucun sentiment il est véritablement mort ; il n'est qu'endormi si le sentiment se réveille.

> Mon cœur se porte bien, toujours fait bonne chère,
> Il est des plus friands, n'a rien à désirer.
> Il aime, il est aimé. Qui pourrait altérer
> Le cours de son bonheur, le rendre moins prospère ?
> Sans cesse il se repaît de sa sœur, de sa mère,
> Et quand il a bien faim, quel que soit son désir,
> Il trouve dans ton sein de quoi s'entretenir.
> Délicat, difficile, ardent, sincère et tendre,
> Sans ma chère moitié je ne puis être heureux.
> En vivant dans ton cœur, tu surpasses mes vœux.
> Tu règnes dans le mien : qu'ai-je donc à prétendre ?

Le plus heureux des rois
L'est beaucoup moins que moi.
Sois toujours bien portante,
Aimable, gaie, contente,
Aime-moi toujours bien.
Mon amitié constante
Est fondée pour toujours
Sur ces charmants liens :
Qui peut rompre son cours ?
Rien dans le monde, rien.

O Dieu dont la bonté balance la justice,
Dieu jaloux de tes droits, plus encore de nos cœurs,
Règle notre amitié, donne-nous tes faveurs,
L'homme doit être heureux, mais c'est sous tes auspices.

« Le temps a été fort chaud et sec jusqu'au 15, aussi n'a-t-on pas cessé de battre. Depuis il s'est mis à la pluie; il en est beaucoup tombé, le ciel est toujours couvert, et l'on ne peut pas encore reprendre le cours des batailles (*sic*). Je vais donner la deuxième façon à ma vigne, travailler toutes mes jeunes charmilles au pied et j'enrage. Le Saint-Martin [1] de Rambion est tout plein de froment. L'on n'a point encore venté (*sic*); il faut absolument que je déblaye ce gros morceau, et puis je pars. Tu me payes bien pour faire tes affaires et d'une monnaie de bon aloi; ainsi je ne peux absenter que lorsque les affaires essentielles ne péricliteront pas. Je fais lever aujourd'hui mes taches [2] en avoine et en orge. J'espère en avoir près de cent

[1] Lieu où on ferme le froment.
[2] Part revenant au propriétaire.

bichets. Mon chanvre s'arrachera la semaine prochaine ; j'espère ne pas y être. J'ai trouvé tout de suite les papiers de mon oncle et le testament de Clémence de Vachon que j'ai joints ensemble. J'attends d'aller moi-même à Bron afin de les remettre moi-même en sûreté entre les mains de notre maman. Sa santé n'est plus la même. L'abbé Samboyant [1] a fait une chute en me venant voir en cabriolet avec le père Macon. L'abbé a été saigné deux fois et depuis huit jours il est malade, a de violents maux de tête et vomit presque tout. Madame de Saint-Jean n'est pas tout aussi malade que lui, mais si cela dure, cela est fait pour inquiéter. Madame de Colonne [2] y est toujours. Il ne faut pas que ma sœur (Madame de Vesc) tarde à prendre le lait d'ânesse. Quand la santé commande, il faut lui obéir sur-le-champ pour empêcher au mal de faire des progrès. Ton fils [3] est enchanté d'être en correspondance de lettre avec sa maman, sa tatan, ses cousines. Quand il l'a lue, il la met en musique sur un air fort tendre, après quoi il la fait lire à tout le monde et a grand soin de faire commencer par l'adresse. Cela lui a donné un amour

[1] Cet abbé joua dans la suite un rôle néfaste. Ayant versé dans les idées révolutionnaires, il soutint et excita Valbe-Monteval contre mon arrière-grand-père et fut ainsi la cause indirecte de la mort de celui-ci.

[2] Nicole de Laube, mariée à M. de Revillasc de Colonne, sœur de Mᵐᵉ de Saint-Jean, mère de la marquise de Leusse.

[3] André-Emile, alors âgé de sept ans.

pour l'écriture qui en fera, je crois, un ane de
nature, car il ne sait pas encore bien lire. Meyzieu [1] projette aussi d'écrire, mais je crois que son
amour-propre fait qu'il a de la peine à s'y déterminer. Ils sont l'un et l'autre sages tout ce qu'il en
faut. Je suis charmé de la gentillesse de Sophie [2].
Je n'en ai jamais douté. C'est à compte pour sa dot.
Je suis charmé que tu te portes si bien. Dis toujours de même pendant encore soixante ans [3].
Aime-moi bien, ce sont les plus grands plaisirs que
tu puisses me faire. Je pourrai bien abréger mon
tour du Dauphiné en commençant par ma mère [4],
Tulins, etc., et finissant par Upie, mais je suis las
de ne pas te voir, aussi je commencerai par toi et
par ma sœur. Je me reposerai à Upie, mon cheval
et moi, car j'irai te voir dans mon simple cabriolet
pour pouvoir m'en servir à aller voir ma mère.
Sans cette ressource je serais fort en peine à faire
mes voyages de traverse. Ne faites-vous point de
visites ? N'en recevez-vous point ? N'avez-vous
point monsieur Rigo ? J'embrasse ma sœur de tout
mon cœur et mes chères nièces que je prie de vouloir bien un peu inspecter ma fille et lui donner
leurs bons conseils. Je sais combien elles sont

---

[1] François de Leusse, cinq ans.

[2] Elle avait alors deux ans et épousa le marquis de la
Rochenégly.

[3] Elle est morte en 1833, soixante ans après.

[4] Mme de Montclas, habitant Grenoble et Saint-Geoire.

jolies, mais qu'elles sont encore plus raisonnables, ce qui est bien plus important, puisque la figure n'est qu'un agrément du corps peu durable et que la raison est du ressort de l'âme immortelle. Fais-moi le plaisir d'assurer mon frère (le marquis de Vesc) de mes sincères compliments. Dis-lui que j'ai fait chercher des chevets (?) neufs, ils sont fort chers. Vieux c'est de la drogue. Je verrai encore si je peux mieux faire. J'ai fait parler pour de la paille. Comme le vendeur est un nommé Godard, qui demeure à Genas, il ne m'a pas encore donné de réponse. Adieu, ma bonne amie, je te vois, je t'aime ; je te quitte à regret.

« DE LEUSSE. »

La vie du marquis de Leusse s'écoulait ainsi occupée des soins de l'administration de ses terres et de ceux qu'exigeait aussi l'accroissement de sa famille. En 1774 naquit son sixième enfant, Marie-Adélaïde, la future Mme de Syon, venue au monde le 7 septembre, à Vienne, comme presque tous ses frères et sœurs. Elle fut baptisée le lendemain dans l'église de Saint-André-le-bas et eut pour parrain son frère aîné, André-Emmanuel, pour marraine sa cousine germaine, Marie-Adélaïde de Vesc, reçue chanoinesse comtesse de l'Argentière le 21 octobre 1777, mariée dans la suite au comte de Blocard, dont elle n'a pas eu d'enfants, et morte en 1862. En 1775 naquirent Hélène et Elise, les dernières filles du marquis et de la marquise de Leusse, couple alors si uni et si heureux.

Probablement le séjour dans l'hôtel de Vienne [1], où Mme de Leusse devait faire ses couches, avait commencé quelques mois avant la naissance d'Adèle, car M. de Leusse était en cette ville le 4 juin 1774 et passait à cette date le bail du domaine du château des Côtes-d'Arey à Joseph Grenouiller, bail qui s'est continué avec le même fermier ou ses fils, aux mêmes conditions jusqu'en 1801.

Quoique M. de Leusse eût renoncé à sa carrière et se tînt à l'écart des agitations politiques très vives au Parlement de Grenoble, les intérêts publics restaient une des principales préoccupations de son esprit. En lui l'ancien magistrat revivait ; il continuait à suivre le mouvement de la législation ; sourdement travaillé, comme ses contemporains, par le besoin des réformes nécessaires en France, il cherchait quelles pouvaient être les meilleures, les plus utiles, les plus efficaces, mais il les voulait faites progressivement, de manière à ne pas léser les intérêts et à ne pas jeter le désordre dans l'État. Agriculteur consommé, habitué à demander à la terre, par une culture habile, un rendement rémunérateur, il était frappé de l'appauvrissement général, du mauvais état des champs, de leur improductivité due à la manière

---

[1] La maison de Vienne était située Grande-Rue, section B, n° 306.

défectueuse dont ils étaient travaillés. Son esprit sérieux en avait démêlé la cause et l'exposait dans la lettre suivante qu'il écrivait en décembre 1774 à M. Roubaux, publiciste, résidant à Paris. Je ne donne de cette lettre que les extraits essentiels :

« Entre une foule d'abus qui m'offusquent, permettez que je m'arrête encore à un seul qui tyrannise la moitié de la France et peut-être les trois quarts de l'Europe. Une grande partie de ceux qui n'en sont pas victimes sont les tyrans. J'en suis un moi-même [1]. Je veux parler de ces droits prétendus seigneuriaux honorifiquement lucratifs qui asservissent les quatre cinquièmes des biens fonds, de ces terriers qui tiennent dans l'esclavage presque toutes les terres du royaume et en partie les sujets du roi, nés libres par les bienfaits de ses prédécesseurs. Les campagnes, dit-on, ne se peuplent pas. Le fait est vrai. Vous en avez vu dans bien des endroits la cause. La population y est en raison de ce que ces droits y sont plus ou moins exhorbitants, plus ou moins attentatoires à la liberté que nous offre la nature.

« Les terres ne rendent pas. Leur produit, triste fruit de l'ingrate sueur du paysan, passe à payer l'impôt : cela est juste ; le brigadier qu'envoit le

---

[1] Il avait quelque mérite à parler ainsi, car, possesseur de nombreuses seigneuries, il en retirait un revenu important, dont il acceptait par cette lettre de se voir partiellement dépouillé.

receveur des tailles, cela n'est pas juste ; la dixme
qui appartient à des chanoines soidisant réguliers,
abbés, etc..., qui sont à dix lieues de là. Cela est
encore moins juste ; l'éternel servis en grain qu'un
seigneur mortel et mort y a despotiquement
imposé, il y a mille ans, cela est au moins équi-
voque ; la pension en argent qu'un particulier aisé
dans ce laps de temps y aura imposé, moins pour
augmenter son revenu que pour se défaire d'un
bien à charge, cela est dur. Que reste-t-il au malheureux cultivateur, sinon le désespoir et un
découragement qui occasionnent une dégradation
successive de sa culture ? Quel remède à un mal
qui couvre le royaume ? Il est aussi facile que
juste. Un simple édit du roi qui permette à perpétuité le rachat des rentes. La Savoie nous donne à
cet égard une leçon parlante. Écoutons-la, profi-
tons-en...

« Le roi y gagnerait beaucoup. Il pourrait diminuer le nombre des magistrats au moins d'un cinquième puisqu'ils auraient beaucoup moins d'occupations [1]. Il serait dans le cas d'augmenter avec
justice l'impôt sur ces fonds, puisque le net produit en serait beaucoup plus considérable. Je con-
viens que cela rendrait le paysan un peu plus
insolent. Cet inconvénient, qui n'est rien à l'état,
est peu de chose au prix des avantages réels qui

[1] La législation d'alors entraînait d'incessants procès entre
seigneurs et paysans.

résulteraient de l'entier affranchissement des fonds et des personnes. »

Pensées prophétiques, en effet, à l'heure où elles étaient écrites, car cet affranchissement eût empêché la Révolution française cause de la décadence nationale dont nous sommes de plus en plus les témoins attristés et impuissants. Le paysan a été gagné par l'esprit révolutionnaire et s'est rué en 1789 sur les châteaux pour anéantir ces terriers, dont parle le marquis de Leusse, preuves de sa dépendance et de son éternel servis qui, juste en son principe et à l'époque où il fut imposé, ne l'était plus au xviiie siècle. C'est, il me semble, l'erreur de jugement des gens de cette époque : les uns, comme M. de Leusse, accusant le passé d'injustice parce que le présent avait besoin d'être modifié comme ne répondant plus à une cause juste ; les autres défendant avec ardeur ce même présent parce qu'ils avaient la conviction que le passé avait été utile et juste. Il eût fallu moins de théorie et plus de pratique ; ne point discuter les droits des premiers possesseurs du sol, reconnaître que les nouveaux maîtres devaient être progressivement, sagement libérés des entraves qui les gênaient et appauvrissaient, tout en gardant sauf le principe essentiel de la propriété. C'est ce que proposait M. de Leusse en demandant le rachat à perpétuité des rentes. Une juste indemnité accordée au seigneur libérait le paysan. Si le roi avait rendu un tel édit, si surtout le gouvernement avait ensuite aidé, favorisé par des subventions le rachat, les paysans seraient restés loyalistes et leurs masses, encore pénétrées des idées religieuses et conservatrices qui manquaient à une partie de la bourgeoisie, auraient été pour la Révolution, fille des classes moyennes, un insurmontable obstacle. Mais les destins de la nation, tragiques et encore inachevés, ne devaient point connaître la paix heureuse née de l'acquiescement général à un même ordre de choses.

Ce M. Roubaud, à qui M. de Leusse adressait la lettre citée plus haut, était alors une façon de docteur politique. Né à Avignon au mois de juin 1730, il donna dès l'âge le plus tendre des preuves d'un esprit supérieur. Il fut destiné à l'état ecclésiastique qu'il embrassa, comme tant d'autres en ce temps-là, moins par vocation que par convenance. Venu de bonne heure à Paris, il s'y fit beaucoup de relations et d'amis, fut le créateur de deux journaux, dont l'un, le journal de l'agriculture, du commerce et des finances, dura, sous deux titres un peu différents, de 1764 à 1783. Recherché et repoussé tour à tour par le Gouvernement, M. Roubaud, malgré des talents réels, dut à la raideur de son caractère de ne point profiter des avances qui lui furent faites. Son ouvrage le plus connu et tout littéraire est le *Recueil des nouveaux synonymes français*, qui obtint de l'Académie française le prix d'utilité en 1786.

S'il était prêt à faire bon marché des avantages

financiers dus à sa situation de seigneur de gros villages comme Meyzieu et les Côtes-d'Arey, le marquis de Leusse ne poussait pas le désintéressement jusqu'au renoncement de ses droits honorifiques et politiques. Sur ce terrain ce n'était pas avec le paysan qu'il était en conflit, mais avec la bourgeoisie locale. J'ai dit que la Révolution fut l'œuvre de celle-ci. Les archives fouillées maintenant par les curieux et les érudits en donnent chaque jour l'irrécusable preuve. Ce n'était point surtout une lutte d'intérêts qui divisait d'avec cette classe ses concitoyens de la noblesse, c'était une lutte d'amour-propre, chose bien autrement grave et difficile à concilier. Ainsi, à Meyzieu vivait une famille importante, celle du notaire de ce bourg, M. Chenavas. Nous avons vu, dans une précédente lettre écrite à ce notaire par M. de Leusse, que leurs rapports étaient si bons en 1760 que Louis chargeait le notaire de Meyzieu de tous ses compliments pour Mme Chenavas. Mais seize ans après les choses étaient fort différentes. Il s'était établi entre ces deux voisins d'abord liés d'amitié un conflit de préséance et d'attributions politiques dont le souvenir est conservé dans la pièce suivante. Elle expose si clairement la situation, que je n'ai rien trouvé de mieux que de la transcrire ici :

Ordonnance du Conseil d'État.

« Sur la requête présentée au roi et à son conseil par le sieur marquis de Leusse, seigneur de

Meyzieu et Chassieux, en Dauphiné, contenant que les fonctions de châtelain qu'il a le droit de nommer dans cette terre, consistent, ainsi que toutes celles de tous les châtelains des autres seigneurs hauts-justiciers de la province, particulièrement à maintenir le bon ordre, vaquer aux affaires de la communauté, présider à ses assemblées et veiller à la répartition des impositions, sans cependant que, dans lesdites assemblées, il puisse avoir voix délibérative, que cette administration uniforme dans ladite province n'a souffert d'interruption que lorsqu'il a plu à Sa Majesté de créer des officiers municipaux, parce qu'alors lesdites fonctions appartenaient aux personnes qui en étaient pourvues, qu'en 17.., Sa Majesté ayant créé de ces offices, le nommé Pierre Chenavas se fit pourvoir de celui de maire de ladite communauté de Meyzieu et Chassieux, mais, par un arrêt du conseil du 20 août 1750, les petites communautés du Dauphiné ayant été exceptées de cette création pour ce qui restait à vendre de leurs offices, celles de Meyzieu et Chassieux se trouvèrent dans cette classe; il n'y eut que ledit office de maire de levé ; que les choses dans cet état, l'édit du mois d'avril 1766 est intervenu, qu'il supprime tous les offices de ladite création qui n'auraient pas été acquis par les villes et les bourgs et en ordonne la liquidation ; que l'office de maire de la communauté de Meyzieu et Chassieux se trouvait dans le cas de cette suppression, mais que ledit Chenavas avait cependant continué ses fonctions et voulait toujours se prévaloir de sa qualité de maire, sous prétexte que ledit édit ne parle que des villes et bourgs et non des petites communautés, en sorte qu'il ne cessait de troubler le châtelain du suppliant dans le plein exercice de sa place. Le suppliant croit devoir observer que la prétention dudit Chenavas était des plus mal fondées, Sa Majesté n'ayant certainement pas en vue d'excepter de la suppression les petites communautés, qu'au contraire son intention et celle de son conseil semble avoir été que cette suppression fut générale, que c'était même dans cet esprit que le Parlement de Grenoble avait fait deffence au maire de Sassenage d'en prendre la qualité, son office ayant été supprimé par ledit édit de 1766.

« Le suppliant espère que la prétention dudit Chenavas sera proscrite et que Sa Majesté voudra bien faire jouir son châtelain des fonctions attachées à sa place et qui lui ont été rendues au moyen de la suppression portée par l'édit de 1766.

« A ces causes requérait qu'il plût à Sa Majesté faire deffenses audit Chenavas de prendre la qualité de maire de ladite communauté de Meyzieu et Chassieux, ni de continuer d'en faire les fonctions, son office se trouvant supprimé par ledit édit de 1766, et lui faire pareillement deffenses de troubler le châtelain du suppliant dans le plein exercice des fonctions attachées à sa place, à peine de tous dépens, dommages et intérêts.

« Vu ladite requête, ensemble l'avis du sieur Pajot Demarcheval, intendant et commissaire départi en Dauphiné. Ouï le rapport du sieur Turgot, conseiller ordinaire et au conseil royal controlleur général des finances, le Roy, en son conseil, a déclaré et déclare l'office de maire de la communauté de Meyzieu et Chassieux compris dans la suppression ordonnée par l'édit de 1766. En conséquence a fait et fait deffenses au nommé Chenavas de prendre la qualité de maire de ladite communauté de Meyzieu et Chassieux, d'en continuer les fonctions et à raison d'icelle de troubler le châtelain du sieur marquis de Leusse dans l'exercice des fonctions de sa place et enjoint au sieur intendant et commissaire départi dans la généralité de Grenoble de tenir la main à l'exécution du présent arrêt.

« Fait au Conseil d'État du roy, tenu à Versailles, le cinq mars mille sept cent soixante seize. Collationné.

« Huguet de Monturan [1]. »

Suivent la teneur du décret royal scellé par le même Huguet de Monturan, le 1ᵉʳ mai 1776, et enfin l'exploit de Prosper-Antoine-Élisabeth Le Roy, huissier royal, résidant à Saint-Laurent-de-Mures, signifiant cet arrêt le 21 septembre 1776 au sieur

---

[1] Archives de Gourdan.

Chenavas qui signe l'acte. Le tout collationné par Fournier, greffier garde-minutes en la chancellerie du Parlement de Dauphiné.

Ainsi les besoins du trésor avaient conduit le pouvoir royal à vendre des offices qui mettaient la brouille dans les petites communautés en excitant les citoyens à désirer un changement de législation, et comme cette vente produisait plus de dissensions intestines locales que d'argent pour l'État, on se décidait ensuite à la supprimer. Mais l'ancienne union de bon voisinage entre le seigneur et les bourgeois du lieu était perdue, le premier voulant garder sa prépondérance politique, au fond si utile à la Monarchie, les seconds étant désireux de se substituer à lui. Triste résultat dû à la faute d'une administration imprévoyante et besogneuse qui n'avait pas compris le grand intérêt qu'avait la Monarchie de garder dans les petites agglomérations rurales un représentant dévoué et utile, l'intérêt qu'elle avait à donner en honneurs à la noblesse, sa garde naturelle, les avantages qu'elle ne pouvait lui procurer en bienfaits plus substantiels. Mais, une fois admis le principe d'une mairie indépendante de l'autorité seigneuriale, c'était une double faute de revenir en arrière, de retirer à la classe bourgeoise la situation privilégiée qu'on lui avait fait espérer. En politique plus qu'ailleurs il est maladroit de donner pour reprendre, d'exciter les convoitises sans vouloir les satisfaire; un jour ou l'autre elles se déchaînent avec violence et brisent les bornes qu'on voudrait leur opposer. On sent encore, à l'heure qu'il est, après plus d'un siècle d'égalité politique complète, la bourgeoisie ayant joui d'une fortune presque toujours heureuse pendant que la noblesse s'appauvrissait, on sent encore combien la première jalouse la dernière, gardant les passions anciennes maintenant sans motif. L'union des deux classes devrait cependant former l'armée de l'ordre chaque jour plus nécessaire en face des barbares menaçants. La bourgeoisie semble ignorer qu'elle est une classe aristocratique et qu'une triple aristocratie, formée du clergé, de la noblesse et de la bourgeoisie éclairée, est faite pour gouverner la France. Un démon ennemi a brouillé ces trois forces dont la réunion est nécessaire à la grandeur nationale. Comment reformer le faisceau ?

Sans doute, après notification de l'arrêt du Conseil d'État au notaire Chenavas, il ne fit plus de difficultés ouvertes pour disputer l'autorité municipale au châtelain nommé par M. de Leusse, car celui-ci délivrait, quelques années après, à M. Broal, notaire à Décines, un diplôme de greffier de sa châtellenie dans la teneur suivante :

« Nous, marquis de Leusse, seigneur de Meyzieu et Chassieux, savoir faisons que sur le bon et louable rapport qui nous a été fait des mœurs, religion, capacité de Me François Broal, notaire royal à Décine, nous l'avons par ces présentes pourvu de l'office de greffier de notre châtellenie desdites terres de Meyzieu et Chassieux, vacant par la démission volontaire de Joseph Roybet qui en était ci-devant pourvu, pour par ledit Mᵉ Broal exercer ledit office et en jouir aux honneurs, profits et charges y attribués autant de temps qu'il nous plaira. Mandons en conséquence à notre juge desdites terres de recevoir et installer ledit Mᵉ Broal dans ledit office en prêtant par lui le serment requis et accoutumé.

« Donné au château de Meyzieu, le cinq mars mille sept cent quatre vingt neuf, et avons à ces présentes fait apposer le sceau de nos armes.

« DE LEUSSE [1]. »

S'il y avait un greffier de la châtellenie. à plus forte raison devait-il y avoir un châtelain.

Le notaire de Décines était avant cette époque dans les meilleurs termes avec le seigneur de Meyzieu, car celui-ci lui avait accordé depuis quelque temps ce permis de chasse :

« D'après la parole que m'a donnée Monsieur le duc de Tonnerre [2] le 31 août dernier, Monsieur le vicomte de Chabons présent, que Monsieur Broal, notaire royal à Décine, pouvait porter le fusil sur mes terres, sans être inquiété en aucune manière par la maréchaussée, j'autorise ledit Monsieur

---

[1] Archives de Colombier.
[2] Gouverneur du Dauphiné.

Broal à chasser sans exception dans toutes mesdites terres situées dans la province de Dauphiné et qui comprennent les paroisses de Meyzieu, Chassieux, Bron, Les Côtes-d'Arey, Saint-Mamert.

« Fait au château de Meyzieu sous le sceau de nos armes, le 4 septembre 1788.

« Le Marquis DE LEUSSE. »

M. de Leusse qui donnait ainsi la permission de chasser sur ses terres, non sans en avoir, chose curieuse, demandé l'autorisation au gouverneur de la province devant un des hauts dignitaires du Parlement, était cependant amateur de chasse et de pêche. Il se livrait à ces plaisirs honnêtes avec plusieurs habitants de Meyzieu, entre autres les Courjon, dont un descendant, médecin en renom, tient maintenant à Meyzieu une clinique où il soigne les maladies nerveuses. On était très chatouilleux alors sur les droits de chasse et de pêche, ces plaisirs étant très à la mode à cette époque comme à présent. C'est ce qui mit la brouille entre le seigneur de Meyzieu et Mme Marie-Anne de Julien, veuve de noble François-Nicolas de Ville, dame engagiste de la terre de Vaux, en mars 1787. Cette dame faisait un procès de pêche au marquis de Leusse. Celui-ci appuyait son droit sur un hommage de Berlion de Chandieu au comte de Savoie de l'an 1241, de la terre de Chandieu et de plusieurs autres terres que Berlion possédait depuis les fourches de Falavier jusqu'au Rhône. Dans cet hommage il lui était reconnu le droit de pêcher avec l'expression *tantum quantum unus equus intrare potest, hoc excepto quod non natet.* — Mme de Ville, au contraire, accusait son adversaire d'avoir voulu s'emparer de l'eau la plus poissonneuse des berges des Balmes, de l'avoir fait par les artifices du sieur Rognat [1], notaire, son agent, d'avoir chassé, pêché contre tout droit et d'avoir même imposé des amendes par intimidation aux gens de ladite dame qui protesta devant le tribunal de Saint-Marcellin. M. de Leusse se porta fort pour sept personnes inculpées, employées par lui ; Antoine Tricot, dit Sauvage, son garde ; Jean Mouton, frère ex-jésuite, qu'il appelle son maître d'hôtel ; Joseph, Jean et Ennemond Courjon, dit Ninon, père et fils ; autres Jean et Marin Courjon, père et fils, ses pêcheurs. Ce procès curieux à cause du texte latin cité plus haut se termina par un compromis entre les parties adverses.

[1] Père du général Rognat.

IV

Il nous faut maintenant, avant d'aller plus loin,
résumer en quelques lignes l'histoire de la vie des
enfants du marquis de Leusse.

L'avenir d'un jeune homme ne commence guère
à préoccuper ses parents à notre époque qu'au
moment où il faut le faire travailler sérieusement,
surtout s'il s'agit de choisir l'établissement scolaire
auquel il sera confié : vers dix ou douze ans. M. de
Leusse, se conformant aux usages de son temps,
dut s'occuper bien plus tôt de la carrière de ses
fils. Pour l'aîné, André-Emmanuel-Émile, le premier cycle de sa vie était déjà terminé en 1779, à
l'âge de treize ans, lorsque son père obtint pour
lui un brevet de sous-lieutenant au régiment du
Roi-infanterie, où peut-être ne parut-il jamais ;
quatre ans après il passa, effectivement sans doute
cette fois, au 5ᵉ régiment de chevau-légers ; en
1789, il commandait une compagnie au régiment
de *Monsieur*. André-Emmanuel-Émile fit un court
séjour en émigration pendant la Révolution, revint
en France où il mena une vie errante durant les

plus mauvais jours, vécut à Lyon, en Dauphiné, puis se fixa définitivement à Paris. C'est là qu'il se maria, le calme revenu, avec Mlle de Fleurigny dont il eut deux filles qui furent, l'une la marquise de Raigecourt, l'autre la baronne Bignon. Ayant perdu sa femme, il se maria en secondes noces avec Mlle des Courtils ; veuf de nouveau, il épousa en troisièmes noces Mlle de Saisseval, fille de Mme de Saisseval, dame d'honneur de Mme Élisabeth, sœur de Louis XVI.

Les deux fils cadets de M. de Leusse paraissent avoir été de meilleure heure encore l'objet des démarches de leur père. Ils n'avaient pas encore trois ans accomplis lorsqu'on s'occupa de les faire recevoir dans l'ordre de Malte. François y fut admis en 1769, Auguste en 1773. Pour ce dernier la demande fut faite en 1772 et ses preuves de noblesse présentées le 2 juin 1773 aux commissaires enquêteurs en même temps que celles d'Alexandre de Moreton de Chabrillan et de Louis-François d'Aurelle [1]. Elles furent examinées le 12 novembre suivant. Il ne s'agissait pas évidemment d'envoyer alors l'enfant sur les galères de l'ordre, mais sans doute il y avait utilité de prendre rang de bonne heure pour sa réception,

---

[1] Ces détails et ceux qui suivent sont empruntés à l'inventaire sommaire des archives départementales du Rhône-Malte, série H, pages 39, 49, 51, 52, 101, 159, 355, par M. Guigues, archiviste.

afin d'obtenir plus vite dans la suite une commanderie. Les parents du futur chevalier devaient être renseignés à ce sujet par les amis du commandeur de Laube, oncle de la marquise de Leusse, qui avait été en son temps un des plus influents personnages de l'ordre, chargé d'en établir les règlements intérieurs, comme en témoigne l'ouvrage de M. l'archiviste Guigues. Il y avait au moment de la réception de MM. de Leusse des courants contradictoires parmi les personnalités dirigeantes de Malte, les unes, aux vues larges, voulant ouvrir assez grandes les portes de l'ordre, les autres tenant avec rigidité à des preuves de noblesse très sévèrement contrôlées du côté maternel comme du côté paternel, la moindre mésalliance dans une famille, à un degré quelconque de son ascendance, leur paraissant un sujet suffisant du rejet de sa requête. Ainsi pour les fils du marquis de Leusse, l'alliance des François, qu'ils tenaient de la famille de Laube, faillit faire échouer leur demande, quoique cette famille fût noble, mais on ne la trouvait pas d'assez illustre origine ; à quoi M. de Leusse répondait que cette décision lui paraissait bien dure quand la raison principale qui avait décidé son mariage avec Mlle de Laube, alors sans fortune, était la considération générale qui entourait la famille de celle-ci et la particulière estime dans laquelle on tenait l'illustration de sa maison. Puis, pourquoi refuser à la famille de Leusse, à cause d'une mésalliance possible de la famille de

Laube, ce qu'on avait accordé à celle-ci comme en témoignait la vie du défunt commandeur ? Ce fut probablement l'argument qui triompha des résistances faites à l'admission des fils du marquis de Leusse.

Ces divers courants d'opinion relativement aux affaires de Malte se reflètent dans une lettre postérieure de peu d'années du ministre Vergennes au bailli de l'Aubépin. Comme elle montre les vues de l'homme d'état sur les causes profondes du différend, il nous a paru intéressant de la consigner ici :

M. de Vergennes écrit le 24 avril 1783 au bailli de l'Aubépin pour lui enjoindre de s'en tenir exactement au décret du 29 janvier 1781 « qui ordonne aux trois langues de France d'observer exactement l'usage actuellement établi pour les preuves des chevaliers sans y faire aucune innovation. Car la considération seule de l'état de la noblesse en France devrait déterminer Sa Majesté à ne pas resserrer tellement les moyens d'être admis dans votre ordre que ces biens ne devinssent le partage que d'un très petit nombre de familles qui s'anéantiraient bientôt par l'empressement des individus qui les composent à y participer. Le célibat et la guerre auraient dans peu fait disparaître les anciennes maisons que l'utilité et la splendeur de l'état invitent à conserver. D'ailleurs, Monsieur, le roi doit à ceux qui se sont rendus recommandables dans les temps postérieurs (*sic*) de ne pas ravir à leurs descendants des moyens de subsistance, et Sa Majesté a insisté auprès du grand maître pour que l'interprétation nouvelle des mots *gentilhomme de nom et d'armes* ne fût pas admise ; elle l'a fait après un mûr examen, pour le plus grand bien de la noblesse française, afin de ne pas ôter aux familles anciennes la ressource de rétablir leurs fortunes par des alliances avec d'autres plus récentes, mais plus riches ».

Il fut délibéré sur cette lettre au conseil de la langue d'Auvergne et décidé que « cette dépêche sera déposée parmi les actes principaux du prieuré de Saint-Gilles, à côté du décret qui y est relatif ».

C'est qu'il y avait bien des convoitises éveillées autour des prébendes et des commanderies de l'ordre ; ceux qui en étaient pourvus ayant une tendance naturelle à les vouloir conserver pour eux et les leurs. Le chevalier de Sainte-Jay en est l'écho lorsqu'il écrit à un de ses confrères résidant à Malte au sujet du commandeur de Leurieul « dont, paraît-il, le frère a l'intention de venir du fond de sa campagne, à l'âge de quarante-neuf ans, pour faire une caravane à Malte et nous venir par conséquent rafler une commanderie au bout du nez. Vous m'avouerez, mon cher, qu'il faut être encore plus âpre à la curée qu'un Dauphinois, fût-il de la montagne, et que le diable lui crache au... aussi noir que de la poix ! Vous devriez bien l'en détourner, si vous pouviez ».

Il n'était pas commun, du reste, de faire ses

caravanes en cet âge avancé, c'est le contraire qui était à craindre, car une lettre du grand maître Ximénès au commandeur de l'Aubépin, à la date du 1er mars 1773, lui annonce qu'on ne laissera point faire de caravane avant l'âge de dix-huit ans, que, par suite, il faut que les religieux en soient instruits et puissent dans l'occasion informer les parents de ceux dont ils font les preuves.

Lorsque le candidat chevalier de Malte était admis, il y avait des frais de chancellerie importants à payer, spécialement une somme de six mille francs à verser de suite. Nous avons sous les yeux l'acte sur parchemin par lequel les parents du chevalier de Leusse se procurèrent partie de cette somme en 1773. En voici la teneur :

« Charles de Masso de la Ferrière, chevalier, marquis de la Ferrière, sénéchal de Lyon et de la province du Lyonnais, savoir faisons que pardevant les conseillers du roi notaires à Lyon sous-signés,

« Furent présents haut et puissant seigneur messire Louis, marquis de Leusse, seigneur des Côtes-d'Arey, Saint-Mamert, Meyzieu, Chassieu et autres lieux, père et légitime administrateur de Joseph-Augustin-Claude-Gabriel de Leusse, chevalier, son fils ; et haute et puissante dame, dame Jeanne-Antoinette de Laube, son épouse, qu'il autorise expressément à l'effet des présentes, demeurant en cette ville, rue de la Charité, lesquels tous les deux ensemble solidairement, l'un pour l'autre et l'un d'eux seuls pour le tout, sans division ni discussion de biens à quoi ils renoncent, ont librement et volontairement vendu, créé et constitué, avec promesse de maintenir, garantir, fournir et faire valoir envers et contre tous à demoiselle Élisabeth de Guillon, demoiselle, fille majeure, demeurante en cette ville, cul-de-sac de l'Arsenal, paroisse d'Ainay, ici présent et acceptant pour elle et les siens, une rente annuelle et perpétuelle de cent livres au capital de trois mille livres qui a été présentement, réellement et comptant payé par ladite demoiselle de Guillon auxdits seigneur et dame de Leusse et de Laube en bonnes espèces du cours, à vue desdits notaires, et par eux retirés de même, ainsi qu'ils le reconnaissent et s'en contentent, et déclarent vouloir employer ladite somme à l'acquittement d'une partie du droit de bienvenue dudit monsieur de Leusse leur fils dans l'ordre de Malte...

« Fait et passé à Lyon, en l'étude, l'an 1773 et le 9ᵉ octobre, avant midi.

« TOURNILLON l'aîné, *notaire* [1]. »

Les fonds furent versés peu après entre les mains du chevalier de Laubespin, commandeur de Marterol, dont voici le reçu donné par fondé de pouvoirs :

« Je sous-signé, fondé de la procuration géné-

---

[1] Archives de Gourdan.

rale de Monsieur le chevalier de Laubépin, commandeur de Marterol, prieur général et receveur de l'ordre de Malte au grand prieuré d'Auvergne, reconnais avoir reçu de messire Louis, marquis de Leusse, seigneur de Meyzieu, Chassieu, Les Côtes-d'Arey et autres, la somme de six mille sept cent trente-trois livres, six sols, huit deniers, pour le paiement du droit de passage de noble Joseph-Augustin-Claude-Gabriel de Leusse, son fils, et de dame Jeanne-Antoinette de Laube, son épouse, pour être reçu chevalier de justice de minorité en la vénérable langue d'Auvergne, suivant le bref de Rome enregistré en la chancellerie de Malte le 5 septembre 1772... etc., la présente quittance faite double, les deux ne servant que d'un seul et même acquit.

« A Lyon le 15 octobre 1773.

« *Signé :* MONNIAT [1]. »

Par les statuts de l'ordre, chaque chevalier était obligé de faire cinq ans de résidence dans l'île de Malte. Si les familles étaient pressées de faire inscrire leurs fils sur les registres du grand maître, elles ne paraissent pas l'avoir été autant de les lui envoyer. Beaucoup de chevaliers étaient aussi officiers dans les troupes royales où il fallait également commencer de bonne heure son service. Le

---

[1] Archives de Colombier.

grand maître avait cependant besoin de pages et exigeait parfois qu'on les lui envoyât de France. C'est ce qui arriva pour Auguste de Leusse en 1779. Il n'avait que neuf ans. Aussi sa mère était-elle fort inquiète de lui voir faire ce grand voyage et fit-elle des démarches auprès de M. de Rohan pour obtenir un sursis qui, sans doute, fut accordé. Nous avons deux réponses du grand maître à ce sujet. En voici une :

A Madame la marquise de Leusse.

« Les craintes que vous témoignez avoir, madame, sur l'arrivée incertaine de monsieur votre fils par la difficulté actuelle des embarquements neutres, faisant également l'éloge de votre cœur et de votre prévoyance, je vous accorde bien volontiers le bref que vous désirez. Le chevalier de Varax s'est chargé de le commissionner et j'en ordonnerai l'enregistrement dès qu'il me sera présenté. J'aurais désiré qu'il m'eût été également possible de dispenser entièrement ce jeune homme de venir faire son service de page, et si les circonstances secondent ma bonne volonté, j'aurai un plaisir véritable à en abréger la durée. Je ne puis cependant vous cacher, madame, que cet espoir est très incertain par le petit nombre qui m'en reste. Mais je ne perdrai pas de vue l'occasion de vous prouver les sentiments avec lesquels je suis, madame, votre affectionné serviteur,

« *Le Grand Maître*, ROHAN... »

Nous ignorons quand se fit le service de page d'Auguste de Leusse, qui, revenu de Malte, n'y retourna faire ses caravanes qu'en juillet 1788. Il servait alors dans un régiment en France. C'est à cette date que commencèrent ses cinq années de résidence dans l'île ; ce temps terminé, l'état de guerre alors existant l'empêcha de partir. Il demeura à Malte jusqu'en 1795 et obtint à ce moment du grand maître l'autorisation de rentrer en France. Relevé de ses vœux, après la Révolution, ainsi que tous les chevaliers français, devenu chef de famille par le décès de son père et de ses frères aînés, il se maria avec Mlle Laurence du Colombier dont il eut trois fils, Louis, André-Hippolyte et Léon de Leusse.

Marie-François de Leusse, son aîné, fit ses caravanes dans la marine de Malte où il servit avec distinction ; il y contracta le scorbut dont il souffrit longtemps ; cette maladie fut le germe de celle qui le ravit à l'affection des siens en 1812. Relevé de ses vœux de chevalier de Malte, il se maria, après la Révolution, avec Mlle Joséphine de Sibeud de Beausemblant et eut d'elle une fille unique, Marie de Leusse, ma mère, mariée à son cousin germain André-Hippolyte de Leusse.

Toutes les branches existantes de la famille de Leusse sont descendues des trois fils du marquis Auguste de Leusse et de Mlle du Colombier.

Le marquis Louis de Leusse, outre ses fils, avait eu quatre filles : Marie-Sophie, Marie-Adélaïde , Marie-Élisabeth , Hélène-Félicité. Elles furent reçues, dans leur jeune âge, chanoinesses-comtesses de l'Argentière, après avoir fait leur première éducation à la Visitation. Pour entrer au chapitre de l'Argentière, il fallait sept quartiers de noblesse du côté paternel, trois quartiers du côté maternel. Mlles de Leusse, attirées dans la suite à Saint-Antoine par leur tante, Mme de Chabons, prieure des chanoinesses de Malte, entrèrent dans ce chapitre à la veille de la Révolution qui devait détruire leur ordre, briser leurs vœux et amener trois d'entre elles à se marier. Sophie épousa le marquis de la Rochenégly ; Adèle, le baron de Syon ; Élisabeth, M. Dupuy de Macconex. Voici le reçu du droit d'entrée de Sophie à Saint-Antoine :

« Nous trésorières du chapitre des dames chanoinesses de Malte, à Saint-Antoine de Viennois, certifions avoir reçu de Mademoiselle Marie-Sophie de Leusse la somme de deux mille francs qu'elle est tenue de payer pour être admise au nombre des chanoinesses surnuméraires de notre chapitre.

« Saint-Antoine, 30 mars 1788.

« *Signé :* Murat, Galien de Chabons [1]. »

Comme nous l'avons dit, les beaux cloîtres de Saint-Antoine, son illustre et curieuse église ne furent pour les filles de M. de Leusse qu'un asile

---

[1] Archives de Colombier.

temporaire. Quels changements dans les familles allaient amener les événements politiques et la transformation de la législation ! Sous une forme rude et odieuse la Révolution, qui a semé tant de ruines, n'est point sans avoir eu dans le passé quelques causes légitimes, sans avoir porté, comme malgré elle, quelques fruits de vie. Chez les familles les plus éprouvées par elle, comme la famille de Leusse, peut-être n'a-t-on pas trop à s'en plaindre. Celle-ci, en effet, si les lois anciennes s'étaient perpétuées, n'existerait probablement plus à cette heure. Le fils aîné du marquis de Leusse n'a eu que des filles de son premier mariage. Ses deux frères cadets, étant chevaliers de Malte et sans fortune, car la très grosse part passait à l'aîné, n'auraient peut-être pas songé à se faire relever de leurs vœux ou l'auraient fait trop tardivement pour fonder à leur tour une famille. Leur race alors se serait éteinte au lieu de former les nombreuses branches qui paraissent en ce moment devoir en assurer la perpétuité. Avouons de plus que ces vocations de célibat pour les fils et les filles, sinon imposées, du moins très fort conseillées par les parents, manquaient de solidité, puisque, le partage des biens assuré par les lois nouvelles, chacun et chacune se hâtèrent de se marier. Combien de maisons anciennes ne doivent actuellement leur existence qu'à ces lois révolutionnaires faites justement dans le but de les détruire ! Profonde ironie de la destinée dont les suites dernières se créent en dehors des efforts de la sagesse humaine. Le peuple a bien plus souffert, souffre bien plus encore que les hautes classes des lois révolutionnaires. Il serait bon, dans son intérêt comme pour le bien de tous, que la législation laissât plus de liberté au père de famille dans ses dispositions testamentaires et que sa tendance fût d'assurer aux pauvres et aux riches la perpétuité d'une partie du bien familial par l'institution de majorats non divisibles, reposant sur une quote-part de la fortune, le reste demeurant à partager également entre les enfants.

Avant d'envoyer ses fils à Malte, dans un si jeune âge, le marquis de Leusse, ému par cette séparation trop tôt accomplie à son gré, mais à laquelle il fallait bien se plier, car elle était dans les usages du temps, voulut leur laisser comme le prolongement de son attentive sollicitude dans cette page de direction adressée à l'un d'eux et intitulée :

Instruction d'un père à son fils, qui a douze ans, et qui s'éloigne de cinq cents lieues de la maison paternelle.

Le destinataire de ces notes précieuses a écrit au-dessous :

Avis du meilleur des pères.

« Lorsque j'avais le bonheur de le voir, je ne profitais pas de ce précieux modèle ; maintenant que je voudrais en profiter, Dieu me l'a retiré. »

LE MARQUIS AUGUSTE DE LEUSSE
marié à
Mlle LAURENCE DU COLOMBIER

Ces avis étaient sans doute joints à un volume de l'*Imitation de Jésus-Christ* :

« Lire tous les jours une page ou une demi-page de ce livre et n'en pas lire plus d'un chapitre par jour. On a toujours du temps pour les plaisirs, il faut emprunter sur ce temps deux ou quatre minutes chaque jour pour lire quelques lignes de cet excellent livre. Le lire très doucement et avec attention, mais très doucement et encore plus doucement. Cela fait pour lors une méditation très profitable. Prenez la nourriture la plus saine pour le corps sans la mâcher, elle devient indigeste ; mâchez-la bien, elle restaure les forces. Il faut de même que l'esprit mâche et savoure avec réflexion cette nourriture spirituelle, pour qu'il se l'approprie, la goûte et s'en nourrisse..... peu lire et bien lire. Peu lire est facile, bien et utilement lire n'est pas si facile. Pour y réussir à coup sûr, il suffit de bien vouloir, d'y faire attention, de faire le signe de la croix et de se mettre en présence de Dieu en commençant sa lecture. Alors Dieu la bénit et la fait fructifier pour sa gloire et notre bonheur.... C'est assez d'avoir lu tout ce petit livre dans le cours de l'année, mais il ne faut pas se prescrire un plus long terme....., il est très important de le lire en entier chaque année une fois. C'est une mine féconde mais profonde qui devient toujours plus riche au centuple pour celui qui en veut profiter et qui ne se lasse pas de la fouiller. A la quatrième, dixième lecture, on y découvre toujours de nouvelles vérités et beautés. Cette courte lecture, faite avec assiduité, produit à coup sûr les doux fruits de la paix du cœur, unique vrai bonheur de cette vie, et gage assuré du bonheur de l'autre..... Mais garde-toi, ô mon fils, d'allier à cette lecture admirable le venin subtil des mauvais livres. Lis les livres d'histoire ancienne et moderne, d'histoire naturelle, des bons voyageurs, de philosophie, de morale, de législation, de politique, les poètes bons et châtiés, la vie des grands hommes et journaux. Mais aie en horreur et le plus grand mépris pour les mauvais livres qui abondent en ce siècle, et qui corrompent les mœurs et les principes...., fuis surtout les livres qui dépriment la religion...., fuis aussi les romans dont les apprêts doucereux efféminent et n'apprennent rien et gâtent l'esprit. Les femmes, je ne dis pas estimables, mais qui font encore quelque cas de l'estime publique, n'osent plus avouer un roman qu'elles lisent tout bas et comme à l'insu du monde.

« Il faut se faire un principe de se confesser tous les mois, du moins de ne jamais passer deux mois sans se confesser, communier toutes les grandes fêtes, au moins trois ou quatre fois par an ; cependant suivre en cela l'avis d'un sage et éclairé directeur. Se confesser par préférence aux curés des grandes villes, ce sont presque toujours gens recommandables par leur vertu et leur doctrine.

« Prière matin et soir, courte mais fervente. Tous les jours un acte d'amour de Dieu ; tous les jours la revue de ses fautes, donner son cœur à Dieu en se levant et en se couchant, sans jamais y manquer..... Ne jamais manquer d'entendre la messe fêtes et dimanches, et, lorsqu'on le peut, les jours d'œuvres ; l'entendre le dimanche le plus matin que l'on peut, afin d'éviter la cohue, et surtout ces messes que l'on appelle du beau monde, d'où l'on sort souvent plus coupable que l'on y est entré. Avoir toujours des *Heures* à la messe pour se nourrir l'âme et éviter les distractions qui sont infaillibles sans cette précaution, et par là deviennent volontaires, et conséquemment un gros péché. Écrire souvent à ta maman et à moi..... Chaque fois que ta conscience te reproche un péché, ne point calculer ni différer, aller sur-le-champ, sans écouter les suggestions contraires, te jeter entre les bras de ton père céleste et tout miséricordieux, représenté par ton confesseur approuvé, y aller armé de la seule bonne foi et droiture d'intention, confesser tes péchés pour recouvrer la paix et l'innocence, et laver ton âme dans le bain spirituel de la confession.

« Craindre de médire parce qu'on se fait des ennemis et qu'on offense Dieu. Être doux, charitable, bienfaisant, patient, ferme et invariable dans le bien, souple et maniable en choses indifférentes avec tes camarades. N'avoir pour amis que des gens honnêtes et vertueux ; respecter les vieillards ....., aimer les pauvres, compatir à leur misère, leur faire tout le bien que l'on peut ; ils sont tes frères.

« Dieu est ton père, tu dois l'aimer en bon et respectueux fils, et craindre en cette qualité souverainement de lui déplaire. Il est la bonté même. Il veut te rendre éternellement heureux pourvu que tu le veuilles toi-même; il est aussi la justice même, et il la rend à chacun tôt ou tard..... Sa longue miséricorde retarde quelquefois les effets de sa justice pour attendre la conversion du pécheur ou le punir enfin de son obstination.....; nous ne sommes nés libres que pour pouvoir mériter ou démériter.

« Si tu te trompes pour le choix important d'un ami et qu'il soit malhonnête, il faut rompre avec lui, mais avec beaucoup de prudence, ou par cette liaison tu deviendras infailliblement tel ou pire que lui.

« Ne jamais mépriser personne, parce que le plus sot, le plus petit, le plus pauvre est notre frère, homme comme nous. Ne mépriser que le vice et non le vicieux qui est digne de toute notre pitié.

« Tu liras, mon cher fils, ces petits avis contenus dans ces trois pages une fois tous les trois ou quatre mois au plus tard pour te les graver dans l'esprit[1] ».

Ce n'est pas sans émotion que nous avons lu et relu ces pages où se révèle une âme paternelle et sainte. Puissent-elles faire sur nos enfants la

[1] Archives de Colombier.

même impression qu'elles ont faite sur notre esprit et sur notre cœur ! Puissent-elles leur servir de guide et porter à travers les âges à tous les descendants de leur vénérable auteur le souffle de l'esprit chrétien qui les a dictées ! Puissent les générations qui suivront la nôtre puiser dans cette sorte de testament moral et religieux de celui qui fut un martyr, avec la force qui jaillit d'un noble exemple, la règle de leur conduite !

Le destinataire de ces avis sut y obéir, ayant puisé dans l'atmosphère familiale ce fond d'esprit catholique, dominant toute la vie, qui à travers les vicissitudes diverses et les générations successives s'est transmis jusqu'à nous comme le signe de la race. Chacun peut en diminuer ou en aviver la trace, mais il touche tous les descendants du marquis de Leusse dans leur berceau ; il console ceux qui ont besoin de consolations ; soutient ceux qui manquent de forces ; tourmente ceux qui voudraient échapper à son empire, bienfaisant encore en cela. Voilà ce que tous doivent à ce grand-père parfait, martyr de la Révolution.

Sa constante sollicitude pour les siens ne s'est point arrêtée là. Nous avons un autre écrit de sa main adressé à ses enfants ; ce n'est plus la direction religieuse qu'il leur donne, mais l'art de se conduire avec prudence dans le monde. Nous joignons ici ces nouveaux conseils aux premiers :

Conseils du marquis de Leusse à ses enfants.

« Tout le monde cherche le bonheur. Vous le chercherez vous-mêmes. Ne vous trompez pas, mes chers enfants, dans le choix des moyens pour arriver à ce but désiré. Il est des sentiers séduisants et trompeurs où s'égarent et ceux qui sont gouvernés et ceux qui gouvernent. Consultez, non point les sots préjugés, mais le véritable honneur et le cri de votre conscience. Instruisez-vous, mais puisez dans les bonnes sources, ne fréquentez habituellement que les personnes honnêtes, recherchez surtout avec soin les dames qui auront ce caractère distinctif, leur commerce vous rendra plus aimables. Mais fuyez avec horreur celles qui font trophée de leur vice et de leur impudicité. Elles sont plus dangereuses que celles qui par état trafiquent de leurs charmes. Car la fille de théâtre plaît, empoisonne les sources de la vie et les tarit souvent dans le printemps. Que de maux effroyables ! Mais enfin, si vous conservez une faible étincelle de vertu, vous méprisez son état. Ce juste mépris empêche le venin qui vous infecte et vous dévore de gangrener votre esprit. Vous aurez cette ressource de moins dans le commerce d'une femme qui, devant être honnête par état, met quelquefois tout son art à le paraître pour avoir un moyen de plus de séduire. Elle inspire à un bien jeune homme la confiance et l'amour. La confiance est bientôt établie dès lors que l'amour s'en mêle. Nous avons supposé une femme perdue (pourquoi faut-il que cette supposition soit une vérité qui se réalise et se multiplie de jour en jour dans ce qu'on appelle la bonne compagnie). Le jeune homme qui ne perd que la santé avec une créature, perd trop souvent les principes du véritable honneur avec celle qui les devrait connaître et les méprise.

« S'il est nécessaire de démêler dans la bonne compagnie les femmes perdues d'avec les femmes honnêtes, il l'est bien davantage de ne faire une société suivie qu'avec des hommes dont la bonne réputation garantisse la vôtre. Avec l'honnête homme vous vous confirmez dans vos bons principes ; vous sortirez rarement d'auprès de lui sans l'estimer davantage et sans valoir mieux vous-même. Avec un homme justement décrié vous n'avez d'autre ressource que d'être trompé ; triste ressource qui en est une cependant pour les jeunes gens puisqu'ils apprennent par là à leurs dépens qu'il est même dans la bonne compagnie une espèce d'homme malfaisant et dégénéré ; leur nombre s'accroît chaque jour ; ils se connaissent entre eux, quoiqu'ils ne s'aiment ni ne s'estiment. Tâchez de les connaître pour vous en méfier. Ne les fuyez pas, mais gardez-vous de vous lier intimement avec eux. Car du moment qu'en les connaissant vous les rechercherez, vous êtes perdus avant de les rencontrer. Le monde indulgent pour un jeune homme qui se livre sans choix à l'impétuosité de son tempérament, le juge sévèrement et sans retour quand il se livre à fréquenter habituellement des hommes sans principes, sans mœurs, qui ne rougissent que de la vertu et ne se plaisent qu'à la faire rougir. Voilà une partie des moyens pour mériter l'estime des gens de bien.....[1] ».

Conseils pleins de modération et de sagesse, assurant la paix et l'honneur de la jeunesse qui les mettra en pratique ; leur utilité n'a point vieilli quoiqu'ils aient plus de cent ans de date. Leur auteur est de ceux à qui se peuvent appliquer ces paroles de l'*Ecclésiastique :*

« V. 1. — Louons les hommes glorieux dans leur génération et qui sont nos pères.

« V. 10. — Ce sont des hommes de miséricorde et les œuvres de leur piété n'ont pas manqué.

« V. 11. — Avec leur postérité demeurent toujours leurs biens.

« V. 12. — C'est un héritage saint que leurs descendants et leur postérité se conserve dans l'alliance de Dieu[2].

« Puisse-t-il en être ainsi toujours ! »

[1] Archives de Colombier.
[2] *Ecclésiastique,* chap. **XLIV**, v. 1, 10, 11 et 12.

V

Après les beaux jours, voici les jours sombres. Déjà en 1788 un souffle de révolte tournait toutes les têtes ; les esprits, délestés du sens religieux, tournoyaient sans direction, fouettés par le vent des vaines chimères, surtout dans les hautes classes et dans les classes moyennes. La Franc-Maçonnerie, directrice secrète du mouvement, ayant infecté de son venin un grand nombre de familles influentes, était secondée dans son action désorganisatrice par la corruption générale des mœurs. Depuis que les documents authentiques ont été mis au jour, on a vu avec stupeur combien cette fine et élégante société du dix-huitième siècle, minée et avilie dans ses fondements par sa propre corruption, s'est laissée aisément conduire au juste châtiment de ses crimes par une poignée infime de sectaires francs-maçons. Ceux-ci ont détruit en peu d'années un édifice social qui avait bravé les siècles : effet disproportionné à la cause. C'est qu'ils ont été le fléau de Dieu : la colère divine produisit ainsi par le moyen des pires adversaires de la justice et de la vérité le soudain orage destiné à balayer l'air des miasmes qui l'empoisonnaient. La Révolution de 1789 a produit sur le corps social le résultat d'un fer rouge appliqué sur une plaie de mauvaise nature; elle a été un mal terrible, mais nécessaire. Les contemporains en avaient à son début comme le pressentiment, car beaucoup de bons esprits se jetèrent à cette époque, peut-être avec trop d'ardeur, dans la voie des réformes. M. de Leusse était de ceux qui les réclamaient avec le plus de vivacité, on l'a vu, mais sagement, chrétiennement et sans attaquer le principe d'autorité. D'autres agissaient différemment et, soumis aux doctrines maçonniques, voulaient profiter du mouvement général des esprits pour achever de renverser toute morale, toute religion, tout juste pouvoir. Ainsi, le désir du changement, quoique divers dans ses sources et dans son but, était général. Lorsque, sous la pression du sentiment public et dans l'espoir de porter remède aux maux qui accablaient l'État, il fut résolu d'assembler les États généraux du royaume, les trois ordres, dont se composait alors l'universalité des citoyens, eurent à préparer leurs cahiers. Avant d'entreprendre cet ouvrage, la noblesse dauphinoise s'occupa de reviser les titres de ses membres. Dans la délibération qu'elle prit à ce sujet le 27 septembre 1788, nous avons trouvé les déclarations suivantes :

« Les titres qui établissent la noblesse acquise et transmissible sont les hommages nobles, aveux;

dénombrements, les procès-verbaux de preuves dans les ordres, chapitres nobles, etc..., les jugements de maintenue de noblesse, les provisions de charges qui anoblissent en justifiant qu'elles ont été exercées le temps prescrit à cet effet; les actes de tutelle et curatelle, partages nobles et autres titres de cette espèce. Mais il est important d'observer que la qualité de noble, prise dans des actes particuliers passés devant notaire, n'est jamais admise comme preuve de noblesse, à moins qu'on ne remonte la filiation avec de pareils actes jusqu'en 1550[1]. »

Comme suite à cette délibération, M. de Leusse reçut des commissaires de son ordre le certificat suivant :

« Nous, commissaires délégués par délibération du corps de la noblesse de Dauphiné du 27 décembre 1788, pour la vérification des preuves de ceux qui se présentent pour être électeurs et éligibles, certifions que Messire Louis, marquis de Leusse, seigneur de Meyzieu, Chassieux, Bron, Les Côtes-d'Arey, Saint-Mamert, baron de Corcelles, de l'élection de Vienne, nous a produit les pièces qui justifient sa noblesse acquise et transmissible, savoir : 1° l'extrait du registre du vénérable chapitre des chanoinesses de Malte établies à Saint-Antoine, en date du 1er juillet 1788 ; 2° l'extrait du registre de la vénérable langue

---

[1] Archives de Colombier.

d'Auvergne, du 4 mars 1774. Des pièces ci-dessus énoncées il résulte que Messire Louis, marquis de Leusse, et dame Jeanne-Antoinette de Laube, son épouse, sont père et mère de demoiselles Marie-Sophie, Marie-Adélaïde, Hélène-Félicité et Marie-Élisabeth de Leusse, et ont été reçues au susdit chapitre de Saint-Antoine, sur les preuves de Claude-Augustin, Claude-Gabriel de Leusse, leurs frères, chevaliers de justice à Malte, ce qui prouve évidemment la noblesse transmissible de Monsieur le marquis de Leusse, leur père. Ce que nous avons vu, examiné et vérifié ; en foi de quoi nous lui avons délivré le présent certificat pour être représenté aux nobles de l'élection de Vienne.

« A Vienne, le 21 novembre 1788.

> « *Signé :* Le Marquis DE BUFFEVENT [1] ;
> le Vicomte DE LEYSSIN [2] ; le Comte
> DE MERCY [3] ».

Les changements dans l'organisme gouvernemental, désirés par la grande majorité des Français

---

[1] Lieutenant des maréchaux de France en Dauphiné, en 1780.

[2] Allié à la famille de Leusse, le marquis de Leyssin est mort ne laissant que des filles, Mlles Caroline et Eugénie de Leyssin, dont j'ai des lettres, et qui se sont éteintes à Aoste, vers le milieu du XIXe siècle.

[3] D'une famille illustre de Lorraine, établie en Dauphiné, à Maubec, à la suite du prince de Lorraine-Harcourt, dont un Mercy était capitaine des gardes.

en 1789, n'étaient point, pour les meneurs cachés, de ceux qui se font pacifiquement et par les voies légales. Si le gouvernement du roi était décidé à chercher dans les cahiers des États généraux un programme de réformes — on en aurait trouvé un à la fois excellent et loyaliste — il y avait à côté de lui un pouvoir caché et détestable qui avait décrété le bouleversement général et la mort du roi : bourgeois et nobles corrompus, affiliés aux loges maçonniques avaient élaboré ce triste programme ; ils poursuivirent avec un acharnement diabolique sa réalisation et en furent eux-mêmes les victimes.

Mais en dehors des loges aussi les têtes étaient alors fortement montées, et, comme pour la trop célèbre *affaire Dreyfus*, il y eut au début de la Révolution de grandes brouilles entre concitoyens, même parmi les très braves gens. J'en ai pour preuve cette lettre de la prieure de Saint-Antoine, Mme de Chabons, à la marquise de Leusse :

« Saint-Antoine, 17 janvier 1789.

« Vous voulez des nouvelles, cousine, eh bien, en voilà ! Je vous envoie le mandat fait par notre admirable Mounier, les lettres au roi et à M. Necker sont du même auteur, et vous le reconnaîtriez quand je ne vous le nommerais pas. Gardez-vous, cousine, de dire du mal du tiers, il fait toute notre gloire en ce moment. On vous a mal instruit. C'est le clergé et quelques membres de la noblesse qui ont failli à amener une scission. L'archevêque d'Embrun et les évêques de Die et de Gap ont un jour quitté l'assemblée et ont entraîné à leur suite des citoyens dans le genre d'un Saint-Vallier, Leyssin, etc... Ils ont pris pour prétexte, le changement fait au mandat sur le mot propriété, et dans le vrai ils avaient cabalé de toutes leurs forces pour être nommés aux États généraux. Et voilà la vraie raison de leur dépit. Aussi ils ont quitté les États avant la clôture qui doit être faite ou se faire en ce moment.

« Monsieur Necker a restreint le nombre des députés aux États généraux. Voilà pourquoi Messieurs de Baronnat, de Delay pour la noblesse et le commandeur de Monspey pour le clergé ne sont plus qu'en remplacement, parce que ce sont les derniers sortis de la liste. »

J'ouvre ici une parenthèse et j'interromps la citation pour faire remarquer combien les passions politiques de la vénérable prieure étaient enflammées. Elle ménage peu les évêques d'Embrun, de Die et de Gap ; mais de quel mépris ne couvre-t-elle pas un Saint-Vallier, un Leyssin, comme elle s'exprime ! De la part d'une religieuse, car enfin elle l'était un peu, c'est un bien vif langage. Sans doute ce qu'il a d'excessif peut tenir en partie au tempérament de l'écrivain, mais il tient aussi à l'époque. Il répond aux violentes agitations des esprits d'alors et devait être général. De telles

attaques appelaient des ripostes non moins furi-
bondes : la douce paix avait pour longtemps déserté
les foyers de nos pères.

La prieure de Saint-Antoine, se détournant de
la politique, écrit encore, mais sur un ton plus
doux :

« Venons à notre chère Sophie. Je pars dans
huit jours pour Grenoble. Voulez-vous que je la
fasse nommer avant mon départ ? Écrivez-le moi
bien vite. La grande prieure se porte bien, mais
peut-on répondre des événements et je serais pour
le parti le plus sûr. Quant au mariage de Sophie,
comme vous dites, les filles aiment toutes mieux
se marier qu'être chanoinesses, je le vois par les
autres, car moi je n'y ai jamais songé et j'ai réellement une vocation à l'abri de toute épreuve.
Mais il ne faut pas juger des autres par soi. Eulalie
Bayanne[1], qui connaît bien votre fille, prétend
qu'elle aimerait mieux un mari que sa croix[2].
Voyez si vous pouvez marier celle-là et nous donner Adélaïde qui jusqu'ici s'est décidée pour le
chapitre. Il faut cependant savoir auparavant si
ma tante[3] et le chapitre consentiront à ce changement. Vous avez bien raison, cousine, nous
devrions pour tout cela nous concerter ensemble,

[1] Mlle de Lathier de Bayanne, cousine de Sophie de
Leusse.

[2] Elle l'a bien prouvé en devenant par la suite marquise de
la Rochenégly.

[3] La grande prieure.

7

nous voir ; l'intérêt que j'y prends me rend personnel tout ce qui vous regarde. Je vous écrirai positivement le jour de mon départ, écrivez-moi toujours à Saint-Antoine. Si je ne finis pas votre affaire, Babet, qui me remplacera auprès de la grande prieure, la finira sûrement avec autant de zèle que moi. Adieu, cousine, rattrapez vos dix mille francs de la prieure de l'Argentière et faites-moi passer les deux cent soixante francs qui sont pour le chapitre et point pour la grande prieure, je vous en ferai passer la quittance.

« Je vous embrasse fortement et tendrement.

« CHABONS. »

« Madame de Baronnat part mercredi prochain. La grande prieure est excédée de ses critiques. Pour moi je m'en moque et fais l'impudente, ce qui fait que je réussis assez bien. Je suis cependant fort ennuyée qu'elle ait empêché ma chère Babet de revenir, ma sœur étant logée dans sa chambre[1]. »

Il faut donner à la partie politique de cette lettre un commentaire pouvant l'éclairer. Voici donc un exposé succinct des événements survenus alors en Dauphiné. J'emprunte le récit suivant à Lally-Tollendal, l'ami et le collègue de Mounier dont il nous dépeint ainsi le caractère et nous apprend la conduite :

[1] Archives de Colombier.

Mounier était né à Grenoble le 12 novembre 1758 et n'avait que vingt-neuf ans « lorsque les troubles civils l'arrachèrent à ses paisibles fonctions de juge royal dans sa ville natale. L'imprudente convocation des notables en 1787 avait tout à la fois provoqué les sentiments les plus généreux et les passions les plus aveugles. Le contrôleur général Calonne et le garde des sceaux de Miromesnil, occupés depuis longtemps à se frapper dans l'ombre, avaient été renvoyés le même jour. Le Parlement de Paris avait songé à se mettre à la tête de ce mouvement. Il donna, au commencement d'août 1787, le signal de l'insurrection à toutes les autres cours du royaume, déclarant la taxe du timbre désastreuse, la subvention territoriale impossible ; proclamant un déficit énorme, mais exigeant la convocation immédiate des États généraux. Les Parlements de Grenoble, de Rouen et de Rennes étaient de ceux qui avaient répondu avec le plus d'ardeur au signal. Toutefois rien n'avait encore lié le vœu général des citoyens avec les vues personnelles des cours de justice ; mais dans l'impossibilité de réduire celles-ci, les ministres avaient imaginé une cour plénière qui, au premier coup d'œil, offrait une aristocratie colossale, écrasant la nation entière de son pouvoir. A l'apparition de cette nouveauté, tout s'était enflammé ; les Parlements de Grenoble et de Rouen avaient déclaré *traître au roi et à la nation* quiconque irait prendre place à la cour plénière.

Le prélat Brienne, premier ministre, s'était cru assez fort pour vaincre cet excès d'insubordination. Le 7 juin 1788, le duc de Tonnerre, commandant dans le Dauphiné, avait fait distribuer par des officiers à tous les magistrats du Parlement des lettres de cachet qui leur enjoignaient de s'exiler dans leurs terres. La populace s'opposa à l'exécution de cette mesure ; elle escalada et saccagea l'hôtel du commandant, qui fut réduit à capituler et à révoquer les lettres de cachet. Les magistrats avaient paru d'abord se prévaloir de ce triomphe ; mais quelques jours après, ils avaient profité de la nuit pour sortir de Grenoble, et tous s'étaient rendus au lieu de leur exil. Privée de son parlement, craignant d'avoir perdu avec lui toutes ses libertés, la ville de Grenoble demanda une assemblée de ses notables. Mounier, juge royal, y fut appelé ; et la réunion de ses fonctions magistrales, de son caractère personnel et de ses connaissances politiques fit de lui le conseil et le guide de cette assemblée. Il y imprima le premier sceau des principes qu'il ne devait jamais séparer : fidélité aux droits du prince et à ceux des sujets ; législation formée par le concours du monarque et de la nation ; balance du pouvoir et proscription de l'arbitraire... »

Les opinions de Mounier étaient modérées, mais il eut le tort de tenir avec trop d'opiniâtreté à la réunion des trois ordres en une seule assemblée et au vote par tête, idées nouvelles, point de départ de tous les votes révolutionnaires qui suivirent.

« Quoi qu'il faille penser de ce système, les notables assemblés à Grenoble l'adoptèrent avec ardeur. Ils chargèrent Mounier de rédiger l'adresse au roi, qu'il avait proposée. »

Les gentilshommes de la province formèrent à leur tour une réunion et chargèrent également Mounier de la rédaction des mémoires qu'ils envoyèrent à Versailles. A la suite de divers pourparlers les états de la province se réunirent le 21 juillet 1788 à Vizille. La séance dura de neuf heures du matin à minuit. Mounier en fut le secrétaire et l'orateur. Pour donner satisfaction aux demandes de cette assemblée, Brienne consentit à la convocation de nouveaux états pour le 27 août 1789 à Romans. Le ministre ayant été amené à donner sa démission avant cette date, les états ne se réunirent que le 1ᵉʳ septembre selon le vœu général et avec l'autorisation du roi. « Mounier fut nommé et confirmé secrétaire de l'assemblée par acclamation. Il rédigea la belle lettre écrite au roi par les trois ordres réunis, le 14 septembre, et celle qu'ils adressèrent le même jour à Necker. Il proposa un plan d'organisation des états de la province qui fut adopté par l'assemblée. Selon ce plan, vingt-quatre membres du clergé, quarante-huit de la noblesse et soixante-douze du troisième ordre devaient composer les états, y délibérer ensemble et voter par tête. Le clergé n'admettait que deux curés ; la noblesse exigeait pour l'admission quatre générations de gentilshommes. Le tiers état faisait aussi certaines exclusions. »

« Le 22 octobre, un arrêt du conseil homologua, avec très peu de modifications, le plan de Mounier. A peine fut-il publié que toute la France tourna ses regards vers le Dauphiné. » Les états de ce pays servant de type pour les autres provinces.

On voit que l'enthousiasme de la prieure de Saint-Antoine pour Mounier avait bien quelque raison d'être, sans compter qu'étant fille et sœur de ces hauts magistrats de Grenoble qui avaient donné le signal de la révolte, elle avait du sang d'insurgé dans les veines. Les parlementaires ont mis le feu au fagot qui allait brûler la maison où ils vivaient si bien à l'aise. Quand la niaiserie devient collective, elle atteint des proportions qui en font quelque chose d'admirable.

Pendant que ces événements se passaient dans la capitale de la province, au début du moins, lorsque les acteurs principaux de la scène politique nouvelle paraissaient être Mounier et les délégués des états, le pouvoir occulte, qui chauffait les passions populaires et dictait dans l'ombre les décisions à prendre sans que s'en doutassent ceux qui les signaient de leurs noms, ne restait pas inactif. Pour amener l'opinion au point voulu, terroriser l'adversaire et imposer leurs projets, ils organisèrent cette jacquerie imprévue, très générale en certaines contrées et si bien ordonnée qui dévasta au même moment un grand nombre de châteaux du Dauphiné ; elle dévoilait, sous la diversité de ses manifestations, un plan préconçu et une pensée directrice très sûre de sa force comme de son but. Nous avons trouvé dans les archives municipales de la mairie de Meyzieu une intéressante lettre prouvant que ce mouvement populaire n'était l'œuvre que d'un petit nombre des habitants des lieux ravagés, recrutés parmi les plus turbulents, auxquels s'adjoignaient les mauvais garnements des pays environnants, embrigadés et conduits par des meneurs étrangers. Voici ce qu'écrivait M. Nugue, notaire de Charvieu, au sujet de ces brigandages, à M. le curé de Jeanneyriat :

A Monsieur Tarascon, curé.

« Monsieur,

« Des brigands en nombre considérable font un ravage affreux du côté de Bourgoin et viennent à nous... Nos communautés sont dans l'intention de les repousser par la force, en conséquence chacun s'arme, il est donc question de faire sonner le tocsin comme nous avons fait, afin que tout le monde soit sur pied en se joignant à nous.

« Nugue, le 28 juillet, à deux heures après minuit.

« Faites, je vous prie, passer ce billet à Pusi-

gnan qui en donnera avis aux communautés voisines.

« Le cas est urgent. Des messieurs de Crémieux
à qui on a envoyé des exprès vont à Lyon pour
faire venir des armes [1]. »

Cette lettre prouve que le mouvement révolutionnaire qui sévissait dans les villages du Dauphiné recevait du dehors son organisation et son
impulsion, puisque les habitants parlaient de s'or-
ganiser pour résister à l'invasion des bandes enva-
hissantes. Ce qui le prouve encore, c'est que le
pillage eut lieu sans cause, au même moment, en
des lieux divers et fort distants, dans les mêmes
conditions. Il y avait donc une savante organisation, donnant le branle où bon lui semblait, ayant
formé plusieurs bandes distinctes qui devaient
chercher à se grossir de tous les éléments mauvais
des lieux circonvoisins de leur point de départ.
C'est ce que prouve aussi dans ses chroni-
ques dauphinoises : *Documents sur la Révolution*,
pages 145 et suivantes, M. Champollion-Figeac.
Après avoir dit qu'en 1789 la disette des blés
causa de graves troubles en plusieurs endroits du
Dauphiné, il ajoute :

« Sous prétexte de chercher les blés que l'on
disait cachés dans les châteaux, *une bande d'étrangers venus du Piémont au nombre de dix mille*
(voyez Commission d'enquête) et une horde de

---

[1] Archives de la mairie de Meyzieu.

sauvages venus du Lyonnais et du Bugey se mirent à fouiller tous les châteaux importants d'une partie de la province, et comme on n'y trouvait pas les amas de grains que l'on prétendait y être cachés, on pillait le mobilier, on descellait les rampes en fer forgé des escaliers, on enlevait les lames de plomb qui recouvraient les toitures et, enfin, pour dissimuler ces vols, on incendiait les bâtiments, après avoir eu le soin de se faire remettre les terriers de la seigneurie.

« *Châteaux incendiés* (six derniers mois de l'année 1789). — Pendant cette funeste période révolutionnaire, qui s'ouvrit quelques jours seulement après la promulgation de la dernière ordonnance émanant de l'autorité du Roi-Dauphin, on eut à regretter de nombreux actes de violence contre les personnes et contre les propriétés. Jusqu'à cette époque le Dauphiné n'avait jamais donné l'exemple d'un pareil désordre, pendant aucune des désastreuses circonstances qu'il avait eues à traverser depuis bien des siècles ; mais nous pouvons heureusement ajouter que ces actes barbares furent exécutés par une populace étrangère au Dauphiné.

« La première violation de domicile que la bande piémontaise commit dans notre province eut lieu le 27 juillet 1789, au château de Vallin, près de Bourgoin, à cinq heures du soir. L'enquête de la Commission intermédiaire constate qu'on n'avait vu dans le château, pendant sa dévastation, *aucun des habitants des communes voisines.* Les pillards revinrent cependant deux jours après pour réclamer le terrier de la seigneurie, qui avait été détruit par l'incendie général des bâtiments.

« Le 28 juillet, ce fut le tour du château de Vaulx, près de La Verpillière, appartenant à M. de Meyrieu ; les pillards étaient nombreux et demandèrent d'abord qu'on leur servît à boire. Après de copieuses libations, ils commencèrent par desceller la rampe en fer de l'escalier du château ; on brûla ensuite les livres terriers, enfin le château et la ferme furent incendiés.

« Le même jour, le château de M. de Moidieu, très beau, très vaste et récemment construit, fut également incendié ; Mme et Mlle de Moidieu eurent beaucoup de peine à se sauver pendant la destruction de leur habitation.

« Le 29 juillet, le château de M. d'Audiffret, à Artas, fut d'abord pillé avant d'être livré aux flammes ; celui de M. de Boissac eut le même sort, après qu'on eut donné à boire et à manger à la bande d'étrangers chargée de sa destruction et qu'on leur eut livré le terrier seigneurial.

« Le 30 juillet, la maison de M. Langlois, à Meyzieu, et le château de Vaugelas, à M. Michalon, furent dévastés.

« Le 31 juillet, ce fut le château de Lagarde, à M. Chivallet.

« Nous allons indiquer les autres châteaux qui furent incendiés pendant le mois d'août et pendant les mois suivants, sans donner la date des jours. Ces châteaux furent nombreux et la bande de pillards recruta encore, dit le procès-verbal d'enquête, huit cents Sardes, entrés par Saint-Genis, et un certain nombre d'autres étrangers au Dauphiné venus de la Bresse.

« Le château de Petit-Court, à M. de Larnage, est saccagé, ainsi que le château de Coutand, à Mme de Coutand, et celui de Moidieu, près de Vienne. Autres incendies à Nyons, à Vonzobre et dans les Baronnies ; au château de Domarin, à M. de Meyrieu [1], les glaces et les boiseries furent préalablement enlevées et les vitres cassées. Au château de M. de Meffrey, situé sur la paroisse de Pulezin, mandement de Maubec, de très belles tapisseries, tous les meubles, les cheminées en marbre furent enlevés avant de l'incendier.

« Au château de Cézarges, en l'incendiant, les brigands prétendaient hautement que le roi l'avait permis. Au château de Luguet, à M. de Leyssin, dont la femme était mourante, put cependant être emportée avant l'incendie. Des gens armés de fourches, de tridents, de haches (et au milieu de cette troupe on remarquait un vicaire de la paroisse) se rendirent au château de Serezin, appartenant à M. Rigaud de Serezin, et l'incendièrent. De même au château de Mme de Vallin, à La Tour-du-Pin : le portail, les fenêtres, les bordures des toits, les

---

[1] De Neyrieu.

cheminées en marbre, les rampes d'escaliers, les glaces et le mobilier furent enlevés et pillés, ainsi qu'un pistolet garni en argent.

« Autres châteaux pillés avant d'être incendiés : château de Pin, au marquis de Rachais ; de Mesieu [1], au marquis de Murinais ; de Tournin, à Mme veuve Picot ; de Cuirieu, à M. de Boissat ; la cave de ce dernier château est pillée d'abord, ensuite les tapisseries sont enlevées, ainsi que les glaces, enfin le terrier seigneurial est jeté dans les flammes. A Saint-Victor, paroisse de Viélou, le château du comte de Vallin, meublé avec magnificence ; à Sucieu, commune de Buffières, le château de M. du Bourg ; au château de Molette, on enleva d'abord les tapisseries qui étaient très belles, avant d'y mettre le feu [2]. »

Liste des habitations pillées.

Château de Montcarra, au comte de Bally.

Château de Chapeau-Cornu, au marquis de Grammont-Caderousse.

Château de Crucilheux, mandement de Saint-Chef, à M. Biétrix du Villard.

Château de Saint-Chef, à M. de Menon.

Château de Demptézieu, à M. de Vallier.

Château de Pupetières, au comte de Virieu.

---

[1] Merieu.

[2] Évidemment une troupe de connaisseurs suivait et dirigeait le pillage. C'est un coup de bons juifs. Il se renouvelle maintenant que la bande procède au pillage des églises.

Château de Saint-Pierre-de-Paladru, au comte de Revol.

Château de Morestel, à la comtesse de Gruel ; autres incendies aux Avenières et à Montferrat.

Château d'Amblérieu, au marquis de Rachais.

Château d'Hières, au marquis de la Poipe ; quelques gens du voisinage y participent.

Château de Verna, à M. de Verna Saint-Romain ; quatre belles statues furent ainsi détruites.

Château de Moras-Vessilleu, au marquis de Baret.

Château de Vessilleu, à M. d'Argout.

Château de Frétigny, à M. Colin de Saint-Ange, en mauvais état avant le pillage.

Château de Chamagnieu, paroisse de Meauge, à M. de Loras, et château de Bel-Accueil, au même.

Château de Loras, à M. Faure-Perret.

Château de Buassin, à M. de Montlevon (Joubert).

Château d'Anthon, à M. de Combles, nouvellement construit et des plus beaux.

Château de Villette, à M. de Moidieu, incendié en partie seulement.

Château de Janneyrias, à M. de Poisieu (Gesse), entièrement détruit.

Château de Pusignan, à une autre famille de Peisieu ou Poysieu.

Château de Meyzieu, au marquis de Leusse.

Château de Jons, au comte de Saint-Priest (Guignard), pillé avant l'incendie.

Château de Jonage, à M. Richard de Saint-Priest.

Château de Bonces, à M. de Vavre de Bonces.

Château du Colombier, à M. de Flavieux, peu de dégâts.

Château de Diémoz et maison Brunel, dévastés.

Château de Saint-Georges-d'Espéranche, au comte de Lévis, entièrement pillé.

Château des Côtes, à M. de Leusse.

Château de Terrebasse, à M. de Terrebasse (détails très affligeants, publications spéciales, collection de M. Humbert de Terrebasse).

Château d'Anjou, à M. de Bectoz.

Château de Framolin, à Mᵉ Batine.

Château de La Saône, à M. de Murat de Lestang.
Château de Chatonai, à M. de Moidieu fils.
Château de Montseveroux, à M. du Villard.
Château du Milieu, à M. de Milieu (Clapperon).
Château de Montfort, à M. de Sallmard.
Château de Voland, à M. de Sauzey (de Fabrias).
Château de Saint-Jean-de-Bournay, à M. Geugnier.
Château de Meyrieu, à M. de Meyrieu.

(*L'Armorial du Dauphiné*, de MM. de La Bâtie et de Terrebasse, mentionne presque tous ces châteaux comme étant déjà la propriété des mêmes familles, en 1690.)

Maison de Mme Papel, à Saint-Agnieux.
Maison de M. Revollat, à Bagneu.
Maison de M. de Miribel, à Châtonnay.
Maison de M. Corbin, à Cazeneuve.

M. Champollion-Figeac cite le pillage des châteaux de Meyzieu et des Côtes-d'Arey, appartenant au marquis de Leusse, dévastés presque au même moment, quoique plus de cinquante kilomètres les séparassent.

Nous avons le récit du pillage de ces habitations fait par le notaire Delaloy, commissaire enquêteur. Voici ce qu'il écrit au sujet de Meyzieu, visité sans doute par la troupe annoncée la veille dans la lettre de M. Nugue :

« Le 29 juillet 1789, à huit heures du matin, une troupe de brigands arriva au château de Meyzieu ; il y avait environ demi-heure qu'elle était occupée à piller, à briser les meubles et à préparer l'incendie du château, lorsqu'un détachement de quarante dragons du régiment de Monsieur surprit les pillards, en tua trois et en blessa deux mortellement.

« Cette troupe de brigands était composée d'habitants des diverses paroisses voisines, notamment de Colombier, de Jons, de Villette, d'Anthon, de Bourgoin, de Saugnieu, de Dessine, d'Hérieu, de Champier, etc..., plusieurs personnes de Meyzieu se joignirent à cette troupe et se rendirent coupables de vols faits dans le château de cette terre. Il est à remarquer que c'est dans cet endroit que le torrent du brigandage a trouvé la première résistance.

« Pendant le peu de temps que les brigands restèrent au château, ils brûlèrent deux glaces à trumeau, dont l'une de toute hauteur, et l'autre placée au-dessus d'une table de marbre, laquelle table fut également brisée, ainsi que deux autres qui reposaient sur des pieds travaillés en sculpture et entièrement dorés.

« Des fauteuils, des tables de jeu, des secrétaires, des garde-robes, des cuvettes, des croisées et plusieurs fenêtres, et par conséquent les vitres, toutes ces choses furent mises en pièces.

« Des lits garnis de soie furent déchirés, notamment celui de Madame de Leusse qui était un objet important.

« Une quantité prodigieuse de linge fut enlevée, une bonne partie des livres de la bibliothèque de Monsieur de Leusse, qui était d'une valeur assez considérable, fut également pillée; les nippes servant à Monsieur et à Madame de Leusse et à leurs enfants furent aussi en partie la proie des voleurs.

« Les ustensiles de cuisine, des chandeliers, des porte-mouchettes en argent, quantité de porcelàine et nombre d'autres effets furent dérobés.

« Il est vrai que beaucoup de ces choses ont été restituées, mais il est difficile de calculer la valeur de ce qui s'est égaré ou a été retenu par les auteurs du vol. Une croix de Malte, des robes de soie, des chemises, du linge de table, des dentelles sont des choses dont on se rappelle parfaitement et qui n'ont pas été restituées.

« Les dommages qu'éprouve Monsieur de Leusse sous tous ces points de vue seulement dans son château de Meyzieu se portent au moins à six mille livres.

« Il y a un autre château dans la terre des Côtes, proche de Vienne, où ils ont été estimés à pareille somme de six mille livres. C'est un fait constaté par un rapport d'expert en règle fait par maître Delaloy, notaire à Vienne.

« Le détachement de dragons envoyé à Meyzieu [1] fit vingt et un prisonniers le 29 juillet. Ils furent conduits à Lyon, de là à Vienne, où la populace les fit relâcher.

« Le nommé Pierre Bouvier-Barrade, habitant à Meyzieu, était du nombre des prisonniers ; il a été appréhendé de nouveau et conduit dans les prisons de Lyon où il est encore. Il est accusé de s'être aidé à piller le château de Meyzieu, d'y avoir

[1] Commandé par le capitaine de Leusse, fils du marquis.

brisé des meubles précieux... Il a été remis à Monsieur Imbert, commandant la place de Lyon, un mémoire contenant les divers chefs d'accusation et les noms des témoins que l'on peut produire contre Bouvier-Barrade[1]. »

Deux ou trois jours après, au commencement d'août, dit le procès-verbal original du notaire Delaloy que, cette fois, nous avons sous les yeux, une bande de malfaiteurs, recrutée dans la lie des populations voisines, vint, en effet, piller le château des Côtes-d'Arey, en passant par Terrebasse qui n'avait point été épargné, et après avoir arraché des mains de M. Clémaron, notaire dans ce bourg et châtelain des Côtes, les papiers terriers des Côtes-d'Arey et de Saint-Mamert qu'ils déposèrent chez un particulier des Côtes dont ils ne voulurent point d'abord dire le nom. Le procès-verbal des dégâts faits par cette troupe furieuse fut dressé le 25 août 1789, sur la requête du marquis de Leusse, par M° Delaloy, assisté de M. Nugue, d'Anthon, bourgeois de Meyzieu, et de M° Cliet, de La Tour-du-Pin, procureur aux cours de Vienne, experts, devant Thomas Geoffray, concierge du château, témoin du pillage et guide des enquêteurs. Devant ceux-ci les pillards, inquiets des suites de l'affaire, firent remettre les terriers des Côtes, maintenant encore dans nos archives.

---

[1] Analyse du document original faite par Mlle A. de Franclieu et communiquée par elle.

Ils furent apportés par un nommé François Thèze,
dit Janlon. Cet homme prétendait que le domestique de Sidenne, jardinier du château, les avait
déposés chez lui en son absence et qu'ils avaient
été remis au sieur Garnaudon, greffier, par maître
Clémaron, le châtelain. Ce récit est évidemment
faux. Thèze, après avoir remis les terriers apportés
par lui, voulut en obtenir décharge, mais refusa de
signer le procès-verbal des enquêteurs, disant
qu'il ne devait ni ne pouvait s'obliger pour toute
la paroisse. Après avoir expédié cette affaire les
enquêteurs dressèrent l'état des lieux.

« A l'entrée de ce château, au nord, était un
portail en fer et les montants en pierre de taille
formés de chaque côté de deux grosses boucles de
pierre, ainsi que l'a déclaré le sieur Jeoffray et
qu'il appert aux sieurs experts par les deux portes
de fer renversées par terre, l'une proche ledit portail et l'autre à quelque distance, que ledit sieur
Jeoffray assure avoir été emportées avec des voitures et ramenées depuis peu de jours ; la pierre
de taille ou montant dudit portail démolie à
environ quatre pieds et demie de terre, et la
pierre en partie cassée et brisée ; les gonds, pivaulx
et empares arrachés et enlevés..... »

Le procès-verbal continuant la visite de la maison pièce par pièce, la montre entièrement dévastée, l'escalier démoli à moitié, le carrelage enlevé
en plusieurs endroits, les portes et fenêtres arrachées à peu près partout, notamment dans la

chambre du rez-de-chaussée, au couchant, dite chambre bleue, et dans la chapelle.

Le pillage de Meyzieu est du 29 juillet, celui des Côtes eut lieu avant le 5 août 1789, car ce jour-là furent expédiés à M. Allégret deux arrêtés du comité permanent de Vienne, avec prière de les faire afficher de suite aux Côtes et à Saint-Mamert. La lettre qui les accompagnait exprimait l'espoir que cet affichage « désillierait les yeux de ceux des particuliers de ces deux paroisses que des scélérats ont indignement trompés ; en restituant promptement tout ce qu'ils ont pris, en rentrant dans l'ordre et le devoir, ils éviteront les maux dont ils sont menacés [1] ».

Ce sont ces arrêtés, sans doute, qui firent réfléchir les pillards et leur inspirèrent la pensée de rendre au moins partiellement les objets dérobés.

Derrière les paysans fanatisés par le désir de détruire la preuve de leurs dettes en faisant disparaître les terriers de la châtellenie, il y avait les meneurs inconnus, venus on ne sait d'où. Ceux-ci, le coup fait, disparaissaient. C'étaient les représentants des loges qui avaient décrété la désorganisation du gouvernement et la mort de Louis XVI. La secte, ne reculant devant aucun crime pour arriver à ses fins, organisa un peu partout le pillage des châteaux pour terroriser ses adversaires

[1] Archives de Colombier.

et donner au peuple le goût de la nouveauté par
l'appât du gain possible, en lui montrant aussi la
faiblesse de l'autorité, la facilité avec laquelle on
lui en imposait. M. Taine, dans le second volume
de son admirable ouvrage qui jette un jour si cru
et si net sur la Révolution, ses auteurs, ses ten-
dances et ses résultats, donne de ceci la preuve
par le simple mais fidèle exposé des événements
d'alors.

Nous avons dit que les dragons du régiment de
Monsieur étaient arrivés à temps à Meyzieu pour
empêcher la destruction du château. L'officier qui
les conduisait était André-Emmanuel-Émile de
Leusse, fils aîné du marquis. L'action fut chaude,
car les brigands étaient des gens déterminés. Un
témoin oculaire, le vieil homme d'affaires de la
famille, Courjon, racontant à mon père, longtemps
après ces dramatiques événements, les détails du
combat, lui dépeignait la place où il s'était passé
toute rougie par le sang versé.

Lorsqu'il eut débarrassé Meyzieu de la tourbe
des coquins qui l'avaient envahi, le capitaine de
Leusse se porta sur Pusignan pour préserver cette
habitation d'un retour offensif des pillards.
Quoique ce retour fût annoncé, le marquis de
Pusignan n'y voulut pas croire et remercia son
voisin qui se retira. Peu après le château fut
envahi, pillé et détruit. Ses ruines couronnent tris-
tement aujourd'hui la colline qu'il devait autrefois embellir.

VI

Où était le marquis de Leusse pendant que ces
événements se passaient ? A Lyon probablement,
mais je n'ai pu le savoir de façon certaine. Il
devait être assez malade à ce moment, car il ne put
assister lui-même à la tenue des États généraux
soit à Vizille, soit à Romans, et fut obligé, les
listes du temps nous l'apprennent, de se faire
représenter par un fondé de pouvoirs dans ces
assemblées. Il habita en Suisse une partie de
l'année 1789, sans doute pour se soigner; nous
savons par des notes manuscrites de lui et par des
lettres de sa femme qu'il passa les dernières
années de sa vie dans un état de souffrance conti-
nuel. Il n'avait cependant alors que cinquante-deux
ans. Il était certainement à Genève au mois d'octobre avec sa femme et sa sœur de Vesc. Nous
le savons par la lettre suivante écrite de cette ville
à sa fille Hélène, alors âgée de treize ans.

> « Genève, 23 octobre 1789.

« J'ai reçu, ma chère amie, de bien bonnes nouvelles de ta bonne tatan de Bayanne[1] qui me dit

---

[1] La marquise de Lattier de Bayanne.

que tu te portes bien et que tu te fortifies dans les principes du christianisme. Il n'y a que cela de réel et de solide, de bien aimer et de bien servir Dieu, car quand on le sert de tout son cœur à coup sûr on l'aime, quoique l'on commette de petites fautes de fragilité. C'est de là que dépend absolument tout ton bonheur. C'est ce qui te fera supporter avec résignation, même avec une satisfaction intérieure, toutes les peines inséparables de cette courte et pénible vie et qui les convertira en douceurs. Telle est le pouvoir de notre sainte religion par la grâce de notre Dieu sauveur de changer ce que nous appelons mal en un vrai bien, tandis que le monde change ce que nous appelons bien en un véritable mal par l'abus qu'il en fait. Vois donc, ma chère petite, quelle différence et quel prodige, si tu sers bien Dieu. Par sa grâce tu en tireras un grand bien, bien temporel, bien éternel, du mal même, tandis que les méchants non seulement ressentent les maux, les douleurs, les chagrins, les privations forcées sans nul adoucissement, qu'ils les aggravent encore beaucoup par leur humeur, leur impatience, mais ils changent encore par leur perversité les biens que Dieu leur a donnés en toutes sortes de maux par l'abus criminel qu'ils font des dons de Dieu. Quand nous sommes jeunes nous avons besoin de faire un grand fond de religion, de remplir notre esprit de ces excellents principes, afin que lorsqu'après cet heureux temps nous sommes dans le monde, nous trouvions dans nous-mêmes, par la grâce de Dieu, de grandes forces pour résister aux mauvais exemples de ce monde que Dieu proscrit.

« Dis-moi, ma petite chatte, fais-tu des progrès dans la musique ; commences-tu à lire la musique comme tu lirais un livre ? C'est le moment de bien profiter de tes maîtres. Te sentirais-tu quelque goût, quelque disposition pour le dessin ? Adélaïde y fait de grands progrès. Si cela peut t'intéresser, je te permets de prendre un maître de dessin, à condition que tu t'en occupes beaucoup, car tout cela coûte de l'argent, et je ne veux pas le semer mal à propos, surtout dans des temps aussi difficiles que ceux-ci [1]. C'est un talent agréable, utile et qui donne et perfectionne le goût. Adélaïde fait des têtes excellentes qui surprennent les connaisseurs pour le peu de temps qu'elle a appris. Si tu ne te sens aucun goût ni disposition pour ce talent, il ne faut pas y penser. Sophie, pour avoir négligé de chanter et de solfier, depuis qu'elle a quitté Sainte - Marie, a perdu entièrement le peu de musique qu'elle savait. Elle n'a pas voulu chanter quand on la priait, elle faisait la nigaude, elle n'a pas repassé sa musique, elle a été punie de son entêtement comme il arrive toujours par son entétement même, elle a tout oublié.

« J'ai trouvé délicieuse et charmante la dentèle

---

[1] Seule allusion à la dévastation de ses deux habitations. Quelle âme résignée et chrétienne !

que ma petite Babet [1] a fait pour sa maman. Bien du monde ont admiré cet ouvrage qui a surpris à càuse de son âge, et surtout sa tatan de Vesc. Dis-lui que je l'aime de tout mon cœur parce que je sais qu'on est content d'elle, que je l'exhorte à continuer pour son bonheur et pour me faire bien plaisir et que je lui témoignerai mon contentement dans toutes les occasions qui se présenteront.

« Tes trois frères sont ou doivent être à Tupin, à la *Maison Rouge*, pour y faire les vendanges. Je compte qu'il me faudra cette année-ci une cuve de moins qu'à l'ordinaire à cause de ton parrain qui doit s'en remplir la panse du matin au soir.

« Quand tu nous écriras, il faudra ainsi désormais adresser tes lettres : A Saint-Maurice, dans le Valais, en Suisse. Ta maman, Adélaïde et moi allons nous y établir pour quelque temps.

« Mon neveu de Vesc, qui vient de nous quitter, m'a dit qu'il comptait passer par Grenoble et dans ce cas-là je l'ai prië et chargé de te remettre six francs pour toi et ta sœur pour vos menus plaisirs. J'ai chargé ton frère aîné de faire passer trois cents francs à Madame de Bayanne. Je ne doute pas qu'il n'ait fait ma commission. Présente bien à ta bonne tatan de Bayanne l'hommage de ma respectueuse reconnaissance. Continue toujours ta musique et profite de ton maître, de tes disposi-

---

[1] Élisabeth, sa fille, quatorze ans.

tions et de la facilité que je te donne pour les cultiver. Ta sœur Adélaïde t'aime toujours tendrement et me charge de te le dire ; elle embrasse Élise. Ta tatan de Vesc et ton oncle restent à Genève.

« Adieu, ma chère Hélène, je t'aime bien.

« Ton Chat poulet. »

Nous voyons, par les détails donnés ici, que toute la famille du marquis de Leusse était alors dispersée. Les deux chevaliers de Malte étaient de passage en Dauphiné et, réunis à leur frère aîné, se reposaient à Tupin des émotions de l'été ; Sophie était à Saint-Antoine ; Adélaïde en Suisse avec ses parents ; Élise et Hélène à Grenoble, chez Mme de Bayanne.

Cette lettre nous dévoile aussi de plus en plus l'âme religieuse de son auteur. La souffrance avait marqué celui-ci de sa rude empreinte, fermant la porte de son cœur au désir des jouissances terrestres, tournant toute sa pensée et tous ses désirs vers les biens éternels. Nous verrons ces sentiments s'affirmer encore dans les belles prières écrites de sa main en 1790 et qui nous ont été conservées. Il s'élevait ainsi d'échelon en échelon vers les sommets de la vertu chrétienne ; il y allait bientôt atteindre et de là gagner le ciel mystiquement entrevu et qui l'attirait tout entier. Le point de départ du dernier pas à franchir pour y parvenir serait l'échafaud révolutionnaire.

Quoique les perspectives d'avenir fussent bien troubles on ne s'en préoccupait point encore en 1789, et la lettre de M. de Leusse, toute remplie d'un puissant parfum catholique, est surtout l'écrit d'un bon père de famille, oublieux de ses maux propres, dont il ne parle pas, oublieux des dangers courus, des pertes essuyées en ces débuts de révolution, et surtout préoccupé de la formation morale de ses enfants. On le voit ne faisant qu'une allusion discrète aux malheurs du temps. Sa sérénité était soutenue par le haut sentiment chrétien dirigeant toute sa vie qui s'acheminait vers l'héroïsme et la sainteté. Il est remarquable que beaucoup de ses contemporains eurent plus ou moins les mêmes qualités. Je n'en veux pour preuve qu'une lettre de la comtesse de Chabons, née de la Tour-Vidaux, à son cousin de Leusse, le 16 décembre 1789, pour le remercier d'un prêt de six cent douze francs, et ajoutant que M. de Vidaux, son oncle, le premier président du Parlement de Grenoble, était gai et content, quoique la Révolution lui eût fait perdre quarante-cinq mille livres de rentes [1].

Le marquis et la marquise de Leusse, après avoir passé quelque temps à Saint-Maurice, vinrent s'établir à Carouge, près de Genève, où ils achetèrent une propriété. C'est là qu'ils vécurent en 1790 et 1791 dans une sorte d'émigration. L'état de santé de M. de Leusse avait empiré : les soucis de

[1] Archives de Colombier.

l'administration de ses biens, ceux de la direction qu'exigeait une famille nombreuse, les émotions éprouvées à la vue des commotions politiques, tout était fait pour augmenter sa maladie. Cependant ce ferme chrétien ne se laissait point aller au découragement, et, dans la solitude forcée où le contraignaient de vivre ses maux et ceux de la patrie, faisant un retour sur lui-même et sur sa vie passée, il tira de cette contemplation un hymne d'actions de grâces au Seigneur pour les biens qu'il en avait reçus et même pour les misères qui l'accablaient. Les élévations de son âme vers le ciel forment un cahier contenant cent actes d'amour de Dieu, parmi lesquels nous citons les réflexions suivantes qui nous peignent au vif et ses souffrances et son état d'âme, en nous donnant d'intéressants détails sur sa vie dès son plus jeune âge. Malgré le caractère intime de ces effusions d'un cœur détaché du monde et déjà presque uniquement préoccupé des mystères de l'autre vie, je fais ici de larges citations de ce document :

I

« Je vous rends grâce, ô mon Créateur et mon Sauveur, de l'état habituel d'anéantissement et de l'état fréquent d'une sorte d'agonie à laquelle votre main toute-puissante et paternelle m'a réduit.... J'unis ces agonies à la vôtre et j'accepte tout avec amour et reconnaissance de la main bienfaisante de mon divin Jésus.....

2

« Si vous souhaitez, Seigneur, que je végète encore quelque temps sur la terre, faites-moi la grâce que ce ne soit que pour marcher avec humilité, fidélité et à grands pas dans vos voies.

3

« Je vous rends grâce, ô mon Dieu, de ce que conduisant toute chose, votre prudence miséricordieuse a guidé ma marche et celle de ma famille hors de ma patrie; car, vous renouvelant ici avec plaisir l'aveu de mon ignorance et de ma faiblesse, j'aurais immanquablement succombé à la tentation et à l'exemple du plus grand nombre en prêtant le serment civique, et, quoique je l'approuve pour le temporel, je suis dans le doute si la partie du serment qui a trait à la religion ne rend pas schismatique et même hérétique ceux qui y ont adhéré sans restriction. Et je vous déclare, ô mon Dieu, que ce seul doute me fait frémir, désirant, voulant, espérant, moyennant votre sainte grâce, vivre et mourir dans le sein de votre église catholique, comme fidèle chrétien pénitent et repentant de tous mes péchés, dont j'espère miséricorde de votre bonté infinie par les mérites de mon Dieu Sauveur.

4

« Mon Dieu, mon Sauveur et mon Père, je viens vous demander avec instance et humilité une grande grâce. Ne permettez pas que nous ayons mis le pied dans cette ville qui vous est étrangère, et par conséquent à ma famille et à moi aussi, ne permettez pas qu'elle devienne funeste à nos âmes, et qu'elle soit une occasion à ma famille et à moi de commettre un seul péché véniel, que je crains, par votre grâce, ce me semble, plus que la mort, quoique je la craigne beaucoup.

5

« Ne permettez pas, ô mon aimable et divin Sauveur, que vos enfants prennent jamais racine dans une ville qui a abjuré l'intégrité de votre culte.

6

« Puisque nous devons nous regarder comme étant dans un pays étranger, ne permettez pas que nous y fassions un long séjour, de peur que l'air qu'on y respire n'altère la pureté des principes que vous nous avez donnés en nous faisant la grâce de naître dans le sein de votre Église catholique, apostolique et romaine.

7

« Il me semble, Seigneur, que vous m'inspirez la pensée et le désir de ne pas quitter ce sujet sans vous supplier avec une humble instance de faire rentrer nos frères égarés dans le sein de votre

Église. Je vous en supplie donc de tout mon cœur par notre Seigneur Jésus-Christ.

8

« Je vous rends de très humbles actions de grâce, ô mon Dieu, mon Créateur et mon Rédempteur, de ce qu'après une jeunesse si criminelle, où, je reconnais à ma grande honte, confusion et avec douleur vous avoir mortellement offensé par pensées, par désirs, par paroles, actions, omissions, par le criminel usage de mes yeux, de mes oreilles, de ma bouche, de mes mains, de tous mes sens, par tant de péchés mortels qui sont affreux par leur énormité et leur nombre, qu'ils suffiraient pour précipiter dans les enfers tous les hommes qui sont sur la terre, de ce que néanmoins vous m'avez supporté avec une patience inconcevable.

9

« Je vous rends grâce de ce que, à l'âge de 17 à 18 ans, ayant eu la folie d'aller avec un de mes camarades dans une grande rivière, sans savoir nager ni l'un ni l'autre, jusqu'à ce que nous eussions de l'eau jusqu'au cou, et que le torrent menaçait de nous entraîner en soulevant nos pieds mal assurés, vous n'avez pas permis que nos corps fussent engloutis par les eaux et que notre âme fût précipitée dans les enfers.

10

« Je vous rends de très humbles actions de grâce, ô mon Créateur et mon Sauveur, de ce que, à l'âge de 20 à 22 ans, étant à Paris seul et très malade et en grand danger de mourir, puisque dans ma seule convalescence je me rappelle très distinctement que je ne pouvais ni marcher dans les rues ni même supporter l'ébranlement des voitures, et que j'étais obligé de faire usage de chaises à porteur, vous avez bien voulu, par une grâce dont je me rendais chaque jour plus indigne en ajoutant crimes sur crimes, délivrer mon corps de la mort et mon âme de la mort éternelle. Que ne puis-je vous en rendre toutes les actions de grâce que je devrais, du moins que je désirerais vous rendre, car j'étais si enfoncé dans le bourbier du péché que je ne pensais ou ne m'occupais pas même à vous en remercier dans le temps, ni à sortir par une sincère pénitence de cet état qui me rendait digne de devenir l'éternel compagnon des démons. Que ne puis-je, au moins, mon aimable et divin Sauveur, mourir à présent d'amour et de reconnaissance pour vous de ce seul et incomparable bienfait et de regret de n'avoir reconnu vos grâces que de la plus noire ingratitude !

11

« Je vous rends grâce, ô mon Dieu, de ce que, à l'âge de 23 à 25 ans, revenant de la chasse en

voiture avec deux de mes camarades, le postillon
abandonna ses deux chevaux pour ouvrir le portail
de la cour du château de Meyzieu ; les chevaux
fougueux, ne sentant plus la main de leur guide,
retournent sur eux-mêmes dans la descente très
rapide ; pendant ce temps mes camarades se déga-
gent de la voiture et sautent en bas ; et moi à la
merci de ces chevaux fougueux au moment de
périr ; une roue de la voiture s'engage avec force
dans un arbre, le train, tout se brise, et je saute
en l'air de cette rude secousse avec deux ou trois
fusils qui étaient sans doute chargés, puisque c'était
un retour de chasse ; je me trouve sur mes pieds
fort étourdi, mais sans la moindre contusion,
lorsque mes camarades me crurent ou mort ou au
moins estropié. Votre grande bonté seule m'a préservé et m'a garanti de la mort éternelle en me
conservant la vie du corps ; quelque tardifs que
soient mes remerciements, daignez, Seigneur, par
cette même bonté, ne pas les rejeter.

12

« J'ai eu l'imprudent orgueil de me croire capable
de remplir une place de conseiller que j'achetais à
22 ou 23 ans. Je vous rends toutes les actions de
grâce qu'il est en mon faible pouvoir de m'avoir à
cet égard dessillé les yeux en me convainquant par
ma propre expérience de mon impéritie.

13

« Je vous rends grâce, ô mon Dieu, de ce qu'après avoir fait la faute de l'acheter sans vous consulter auparavant, au lieu de me livrer à mon sens réprouvé, comme je le méritais, vous m'avez suscité des déboires qui m'ont porté ou du moins accéléré l'exécution du projet de la vendre.

14

« Je vous rends grâce, ô mon Dieu, du plus profond de mon cœur, de m'avoir conduit et porté à me défaire de cette charge, ce qui m'a épargné beaucoup de crimes et d'injustices, qui auraient été la suite inévitable de mon incapacité.

15

« Je vous rends grâce, ô mon Dieu, de ce que n'étant pas capable de sentir les beautés et les charmes de la vertu, votre bonté et votre indulgence pour le plus vil et le plus grand de tous les pécheurs ont été tels que vous m'avez fait trouver dans le mariage un commencement de frein qui a arrêté cet affreux débordement de mes vices.

16

« Depuis ma sortie des collèges jusqu'à 27 ans, j'étais dans le monde, dans ce monde proscrit par vous, ô mon Dieu, et ce qui est pis encore, je ne fréquentais que des débauchés, des libertins comme moi, mais moins que moi, que des impies, entiè-rement libre de toutes mes actions. Je n'avais pas et je ne méritais pas d'avoir un seul ami selon votre cœur pour me donner des avis salutaires, afin de me rappeler dans vos voies dont les miennes étaient les antipodes. Cependant, Seigneur, plu-sieurs mois avant mon mariage, lorsqu'il fut arrêté, vous me fîtes la grâce, par un excès inconcevable de votre bonté toute gratuite, de m'inspirer le désir salutaire de faire une confession générale des crimes, profanations, scandales de toute ma vie passée dans de continuels et d'affreux désordres. Je la fis au curé de ma paroisse. Vous daignâtes m'admettre à votre table sacrée. Il n'y a qu'un Dieu, et qu'un Dieu rédempteur, qui puisse en agir avec tant de bonté avec la plus criminelle de ses créatures. Que ne puis-je, chaque fois que je respire, vous rendre toutes les actions de grâce que vous méritez pour cette seule et incomparable faveur ! Faites-moi la grâce, ô mon Jésus, mon Créateur, mon Sauveur, de changer, de fondre la glace de mon cœur en un cœur plein d'amour pour vous, pour vous seul, et de douleur de vous avoir offensé.

17

« Je vous rends grâce, ô mon Dieu, d'avoir bien voulu, malgré mon extrême indignité, me diriger dans le choix d'une femme selon mon cœur et selon ma situation, quoique peut-être ai-je le reproche à me faire, que je dois ajouter à tant d'autres, de ne vous avoir pas prié pour me faire connaître à cet égard votre sainte volonté.

18

« Je vous rends grâce, ô mon Dieu, de toutes ses bonnes qualités et de son attachement à ses devoirs de mère et de femme.

19

« Je vous rends grâce de ce goût de l'ordre avec lequel vous l'avez fait naître et dont elle est douée contre toutes les probabilités de la nature, n'ayant été témoin que de déprédations et de désordres de finance dans le sein de sa famille.

20

« C'est un don absolument gratuit de votre part, ô mon Dieu, qu'une bonne femme, puisqu'elles sont si rares et par là même si précieuses. J'en étais plus indigne que tout autre, et vous n'avez pas laissé que de récompenser ce choix, qui est bien plus le vôtre que le mien, par mille faveurs qui en ont été la suite.

21

« Je vous rends grâce, ô mon Dieu, de ce que vous avez amené et produit dans l'esprit de ma femme de faire chaque jour la prière du soir en commun à nos enfants et domestiques.

22

« Je vous rends grâce de toutes les bénédictions dont cette prière en commun est et sera la source pour votre gloire et notre avancement spirituel.

23

« Je vous demande très humblement pardon, ô mon Dieu, de ce qu'après avoir reçu la grande grâce de la réconciliation, ainsi que je l'espère, par la confession générale que je fis plusieurs mois avant mon mariage, je n'ai pas laissé néanmoins de mener une vie si mondaine les dix à quinze premières années qui ont suivi cette incomparable faveur de votre part.

24

« Je vous demande pardon d'y avoir employé tant de temps au jeu, et au gros jeu, au jeu de hasard, d'y avoir passé fréquemment les nuits entières, au grand scandale de toute une ville et au détriment de ma santé.

25

« Daignez donner à mes enfants votre amour et un grand amour pour la pureté, et un cœur selon le vôtre par les mérites de Jésus-Christ.

26

« N'en perdez aucun, Seigneur, ils sont tous l'ouvrage de vos mains, sauvez-les tous par les mérites de Jésus-Christ.

27

« Je vous rends grâce, ô mon Dieu, de m'avoir fourni une occasion de prouver par le fait à Messieurs Chenavas que je les aime, que je leur veux du bien, et qu'il ne reste aucune rancune dans mon cœur contre eux.

28

« Que de reconnaissance ne vous dois-je pas de ce que mon mariage a été pour moi une occasion de connaître un de vos serviteurs les plus zélés, Monsieur de Fleutelot !

29

« Sa manière de vivre édifiante et pleine de charité m'a laissé, ce me semble, d'heureuses impressions. Il m'a guidé et conduit lui-même, ce respectable vieillard, dans une maison de Sept-Fonds appelée le Val Saint-Lieu.

30

« Votre serviteur, Monsieur de Fleutelot, m'a encore procuré la connaissance d'un de ses amis

plein de vertus et du zèle le plus ardent pour votre
service (en marge : M. Archimbaud).

31

« Que ne dois-je pas à Monsieur Archimbaud
pour le redressement de mon âme ? Que de conseils pleins de charité ne m'a-t-il pas donnés ?
Combien de fois une sainte colère de sa part
n'a-t-elle pas fait passer dans mon âme un trou-
ble salutaire pour redresser mes voies mondaines
et tortueuses ?

32

« C'est à lui, Seigneur, à qui, par une grâce
privilégiée dont je ne puis assez vous remercier, je
dois le choix d'un sage, saint, éclairé et débonnaire directeur auquel j'ai fait une confession générale des abominations de ma jeunesse. C'est par
lui que vous m'avez inspiré la volonté et la force
de la faire et de l'exécuter.

33

« Quelle faiblesse d'esprit comparable à la
mienne ! Combien de jours ai-je combattu avec
moi-même, combien d'assauts me suis-je livré, à
quelle angoisse n'ai-je pas été réduit avant de pouvoir me résoudre à dire à mon fils Meyzieu [1] que

---

[1] Le comte François de Leusse.

je le priais de ne plus lire ce livre dangereux de l'abbé Reinal sur l'histoire des Indes, où votre sainte religion est si malicieusement déchirée, ô mon Dieu. Et sans une grâce forte et particulière de votre part, je n'aurais jamais pu me résoudre à accomplir mon devoir à cet égard. Grâce éternelle vous en soit rendue, Seigneur, par toute votre cour céleste, pour suppléer à la faiblesse des miennes que je vous rends néanmoins de tout mon cœur. Et vous avez eu la bonté de couronner en moi, qui suis le plus indigne de vos serviteurs, votre propre ouvrage, en inspirant à ce cher enfant une docilité d'un enfant bien élevé, en ce qu'il a reconnu sur-le-champ la vérité, a rejeté le poison du mensonge, s'est défait de ce mauvais livre. Puissiez-vous, Seigneur, ne perdre jamais de vue ce trait de la part de votre enfant, que vous avez mis au monde, formé de vos mains, créé et racheté, afin de lui faire grâce, de toucher son cœur, d'éclairer son esprit et de le convertir entièrement, incessamment, dès à présent et pour toujours à vous, par Notre Seigneur Jésus-Christ qui vit et règne avec le Père et le Saint-Esprit dans tous les siècles des siècles... »

Ce recueil de pensées se terminait par les deux suivantes où se dévoile le cœur du patriote :

« Mais, Seigneur, c'est encore avec plus d'instance, et je vous offre avec joie le sacrifice indigne de ma misérable vie [1] que j'unis au sacrifice adorable de Jésus, mon Sauveur et le Sauveur du monde, pour solliciter, ô mon Dieu, auprès de votre miséricorde infinie la grande grâce d'accorder plus que jamais votre protection toute-puissante, toutes sortes de grâces spirituelles à la France, ma chère patrie, et d'y faire fleurir et régner votre sainte religion seule, avec empire, force et douceur, dans toute son intégrité et pureté, par les mérites de notre divin Sauveur.

« Je vous supplie, Père de miséricorde, de donner à tous nos évêques de l'Église gallicane, successeurs de vos saints apôtres, la vertu, l'humilité, la force, la patience, le courage, les lumières, la sagesse d'en haut de vos saints apôtres dont ils remplissent les fonctions, afin qu'ils édifient, soutiennent et rétablissent, par votre pure grâce et infinie miséricorde, l'édifice chancelant de cette chère portion de votre Église catholique, prêt à s'écrouler par la malice des démons et des hommes pervers vos ennemis et les miens, dont je vous conjure de rendre les efforts impuissants et de les faire tourner à votre plus grande gloire et au salut de la France par les mérites de Jésus-Christ. »

---

[1] Ce sacrifice fut accepté et il est remarquable que pareil don de soi-même fut fréquent à cette époque parmi les âmes les plus chrétiennes.

VII

Pendant que le marquis de Leusse et sa famille vivaient retirés à Carouge, les troubles civils allaient en empirant en France. Le gouvernement révolutionnaire opprimait le pays, provisoirement encore sous l'étiquette monarchique, en attendant de donner au régime son vrai nom, République, ce qui chez nous a toujours signifié anarchie. Toutes les passions débridées se donnaient libre cours. Elles se résument toujours en pareil cas dans le furieux débordement des appétits aiguisés de la plèbe contre les détenteurs de la fortune, quels qu'ils soient. Alors malheur aux riches ou à ceux qui passent pour tels. On n'en était pas encore à prendre brutalement terres et châteaux — cela viendrait bientôt — on se contentait de les frapper de dures impositions pour en rendre la jouissance précaire et onéreuse. C'est ainsi qu'en 1790 M. de Leusse fut taxé de contributions, soi-disant patriotiques, pour une somme de huit mille francs, sur sa seule propriété de Meyzieu. Par le moyen de ses agents il fit appel de cette taxation exagérée et obtint du directoire du district de Vienne, le 12 décembre 1790, l'ordonnance suivante :

« Le directoire a délibéré que ledit de Leusse ne serait tenu de payer pour sa contribution patriotique et celle de son épouse que la somme de cinq mille livres, à moins que la municipalité de Meyzieu ne trouve la taxation exagérée.

« Par le directoire du district de Vienne.

« *Signé* : Périer, Teste du Bailler, Trotton, *greffier.* »

Et voilà. Ce n'est pas plus difficile que cela de dépouiller les gens. Encore l'ordonnance du directoire du district de Vienne était-elle invoquée comme modérée par le propriétaire du château de Meyzieu. Car l'affaire n'en resta pas là. En effet, une consultation de M. Duchamp, homme de loi, à Lyon, du 4 juin 1792, nous apprend ceci :

« L'ordonnance du directoire de Vienne, notifiée le 13 décembre 1790 à la municipalité de Meyzieu, a été enregistrée par elle sans commentaires. Après dix-huit mois de silence, le receveur du district de Vienne donne contrainte pour huit mille livres. Il faut que Monsieur de Leusse fasse offre au receveur du district de Vienne, en la personne du district de Meyzieu, de cinq mille francs pour le montant de la contribution patriotique, le requérant de faire retirer la garnison mise chez lui et de lui donner bonne et définitive quittance, déclarant qu'il rend garants et responsables tant ledit rece-

veur que la municipalité de Meyzieu, pour ne s'être
pas conformés à l'arrêté du district du 22 novembre 1790.

« Si le receveur fait refus, l'huissier de Monsieur de Leusse dressera procès-verbal et, muni
de cette pièce, Monsieur de Leusse se présentera
au directoire du district de Vienne, lequel pronon-
cera en première instance.

« Si Monsieur de Leusse n'y obtient pas justice,
il se pourvoira au directoire du département qui,
conformément à l'article premier du décret des
6 et 7 septembre 1790, juge en dernier ressort du
contentieux la matière de contributions directes. »

Qu'advint-il de cette affaire ? Peu importe maintenant. Le principe de la confiscation était posé et
devait arriver à produire ses entiers effets.

Cette contribution patriotique ne diminuait en
rien le rôle des contributions ordinaires. En 1791,
M. de Leusse fut taxé pour celles-ci, à Meyzieu,
sur le pied de la moitié de l'impôt de 1790 et son
rôle fixé à 957 livres 18 sous 9 deniers. Il était
alors chassé de sa maison par les garnissaires qu'y
avait mis la municipalité de Meyzieu, et ne pouvait être bien pressé de rentrer en France. Ses fils,
venus le rejoindre à Carouge, n'y firent cependant
que de courts séjours. Nous avons pour nous l'apprendre cette note de la main de la marquise de
Leusse :

« Monteval dit que mes fils ne sont point rentrés en France lorsque nous y sommes rentrés.

C'est une fausseté. Il est notoire qu'au mois d'octobre ou novembre 1791, mon fils aîné passait au nom de son père, qui était encore en Savoie, le bail à loyer de l'appartement qu'il a occupé rue Bellecordière. Il est aussi notoire que mes trois fils[1] sont restés à Lyon tout l'hiver de 1792 — c'est un fait qui est connu et serait attesté par tous les habitants de Lyon — qu'ils ont continué à y rester jusqu'au moment où Monsieur de Leusse et toute sa famille fut mis sur la liste d'Amar et Merlino. Pour lors ils furent obligés de se cacher pour éviter le sort de leur père. »

Une note ajoute : « Il ne faut pas dire qu'ils ne sont jamais sortis de France. »

Beau scrupule de véracité qui prouve quelle âme noble possédait la marquise de Leusse, en procès contre Monteval lorsqu'elle faisait passer cette note, et préférant au gain d'une affaire importante le témoignage d'une conscience délicate. Ses fils, en effet, faisaient, à l'époque de son séjour à Carouge, la navette entre Lyon, le Dauphiné et la Savoie.

Ainsi vivait la famille de Leusse, comme tous les honnêtes gens à cette époque, descendant ballottée entre la crainte et l'espérance, de chute en chute, au fond du gouffre révolutionnaire où tous allaient trouver ruine et proscription, quelques-

---

[1] Auguste devait cependant se trouver à Malte à ce moment.

uns la prison et le chef la mort. Est-ce là une histoire bien ancienne ? Serait-ce par hasard l'histoire de demain ? Ne vivons-nous point à une époque rappelant par des traits semblables ces temps calamiteux ? Nous continuons cependant notre train ordinaire. Ainsi vécurent nos pères jusqu'au jour des suprêmes catastrophes.

Quand il habitait encore Saint-Maurice, vivant dans cet état de continuelles souffrances physiques dépeintes par lui-même, accablé du souci de ses affaires, des soins à donner à sa famille, des douleurs angoissantes d'un patriotisme ardent, cruellement frappé au point le plus sensible, M. de Leusse ne perdait cependant ni courage ni patience. Il continuait par correspondance ses relations avec quelques amis choisis, parmi lesquels le plus cher était le marquis d'Archimbaud [1]. Il lui avait écrit, pour le mettre au courant de ses pérégrinations et de l'état de sa santé, une lettre à laquelle nous devons la réponse suivante qui peint bien les deux correspondants et les circonstances cruelles au milieu desquelles ils vivaient :

[1] Charles-Louis-Alphonse de Bonaud, marquis d'Archimbaud, baron de Montguers, en Dauphiné, né à Perthuis, en Provence, marié en 1784 à Thérèse-Catherine-Marie de Moreau de Vérone. Cette famille subiste au château de Vérone dans la Drôme.

*A Monsieur le marquis de Leusse, à Saint-Maurice,
dans le Valais, en Suisse.*

« Avignon, 10 décembre de l'an 1790.

« Tu me fais, mon cher de Leusse, une description charmante du pays que tu habites ; tu parais t'y plaire, et c'est au moins un adoucissement à ta position, car il faut convenir qu'il est bien dur de s'expatrier lorsqu'après avoir mené une vie sans reproche, lorsque ne s'étant jamais mêlé d'affaires publiques, lorsque, après s'être toujours occupé comme toi de faire le bien aux pauvres, d'enrichir la culture par toutes ses observations et ses expériences, on est parvenu à l'âge où l'on a besoin de repos et de jouir de tous les sacrifices qu'on a faits. Enfin tu as de la religion et cette épreuve de la Providence en vaut bien une autre. Au moins tu as le plaisir de rassembler autour de toi ta famille, c'est une grande consolation, et le beau pays que tu habites te dédommage un peu de la privation des riches et fécondes plaines de Meyzieu. Quant à nous, nous jouissons toujours d'une tranquillité qu'on altère de temps en temps par des menaces ou des craintes d'insurrection. Je les prévoyais quand j'y suis revenu ; déjà même il y avait eu un mouvement dans le peuple assez violent. Mais c'est le centre de la fortune de mon fils, elle est négligée depuis longtemps, elle peut me préparer ainsi qu'à lui une ressource dans le bouleversement affreux que ma fortune éprouve ; je me confie à la Providence et je me dispose à passer ici le reste de mes jours, car je ne me mêlerai sûrement jamais d'affaires publiques. J'ai trouvé ici le délassement, le sommeil, l'appétit, la santé, plus que tout cela, la gaieté et le plaisir. Mes aimables nièces et ton frère[1] contribuent beaucoup à rendre pour nous le séjour agréable. Nous rions souvent ensemble comme des pauvres, nous parlons le moins que nous pouvons politique, nous faisons aussi des projets d'agriculture, nous allons de temps en temps avec ton frère passer trois ou quatre jours dans une terre de mon fils qui est à trois heures de chemin. J'y fais faire des distributions intérieures pour rendre la maison logeable, j'y fais deux jardins, l'un pour les arbres fruitiers, l'autre pour un potager, et nous espérons nous y établir au mois de mai. Nous allons faire des tentatives et des expériences en petit pour nous y procurer des fourrages qui nous manquent absolument. Ton frère est mon guide, car je n'y entends rien. Tu as été son maître et il mettra tes leçons en usage. Demain nous enlevons ici une centaine de pieds d'arbres fruitiers que nous allons faire planter après-demain. Je m'amuse de tous ces arrangements au delà de tout ce que je peux dire et depuis que je suis ici le temps m'a paru si court que je n'ai

---

[1] Mlles de Vesc et le marquis de Vesc, leur père.

jamais pu finir dans la journée ce que j'ai entrepris. Mes nièces qui étaient hier avec moi quand j'ai reçu ta lettre en entendirent la lecture. La chanoinesse y trouve l'explication de ce qu'on lui mandait de Saint-Antoine que tes fils étaient venus enlever leur sœur en poste. On ne disait pas pourquoi. Toutes deux ainsi que ton frère te font mille et mille amitiés ainsi qu'à Madame de Leusse et à tes enfants. Je m'unis à elles pour offrir mes vœux, mon hommage, mon respect, mon attachement. Tu ne doutes pas sûrement de la sincérité de tous les sentiments qui te sont acquis depuis quarante ans et qui dureront autant que le cœur de ton ami... ma mère infiniment sensible à ton amitié, te prie de recevoir et de faire agréer à Madame de Leusse ses plus tendres compliments [1]. »

Quels cœurs simples, honnêtes, quels esprits encore jeunes parmi les glaces de l'âge, quelles heureuses illusions au milieu des plus profondes commotions politiques nous dévoile une lettre pareille ! Et ce sont ces gens-là que l'on a décapités. Ils étaient de toute façon l'élite de leur classe et celle de la nation ; ils ont payé cet honneur de leur sang.

Ce n'était point sans raison que les frères de Sophie de Leusse étaient allés l'enlever à son cou-

---

[1] Lettre sans signature, portant cachet armorié. Il est indiqué, du reste, que cette lettre est du marquis d'Archimbaud.

vent de Saint-Antoine, ainsi que le conte plaisamment M. d'Archimbaud. Elle allait contenter les préférences que lui attribuait Eulalie de Bayanne et troquer sa croix de chanoinesse contre un mari. On se mariait encore en pleine Révolution ; on se mariera jusqu'à la fin du monde, avec joie, avec espérance, parmi les plus cruelles vicissitudes : surprises du cœur qui se laisse toujours séduire par les mêmes apparences ; surprises de l'esprit incapable de supporter longtemps la crainte ou la douleur.

C'est pourquoi, au mois de juin 1791, une fête de famille réunit à Lyon, autour du marquis et de la marquise de Leusse, tous les leurs pour assister au mariage de Sophie avec M. Dupuits de Macconnex. Cette alliance n'eut pas de suites heureuses. M. Dupuits avait été élevé sur les genoux de Voltaire et ne s'en souvenait que trop bien. Ce fut un homme fort séduisant et qui fit beaucoup de malheureuses. Son père et sa mère, de parfaits honnêtes gens cependant, avaient eu le triste honneur d'être mariés par le patriarche de Fernex. Mme Dupuits était cette petite-nièce du grand Corneille que Voltaire avait, avec grand fracas, élevée, dotée et mariée à son voisin, la terre de Macconnex étant à côté de Fernex. Nous avons l'extrait authentique du curieux contrat de mariage qu'il signa au nom du duc de Choiseul, premier ministre, et par délégation expresse de Messieurs de l'Académie française, votée par eux en séance, au Louvre, le 19 février 1763.

Mme Dupuits de Macconnex, née de Leusse, mourut fort jeune, le 10 germinal an VI (30 mars 1798), à Villeurbanne, dans la maison dite de la Tête d'or. Un fils était né de son union le 24 brumaire an IV (15 nov. 1795), dont la fin fut prématurée et malheureuse ; engagé volontaire à l'âge de 14 ou 15 ans, il fut fait prisonnier de guerre et mourut peu après à l'hôpital d'Allembourg, en Saxe. Il eut un frère et une sœur, morts sans postérité après avoir mené une existence agitée.

Après le mariage de leur fille, M. et Mme de Leusse retournèrent à Carouge où ils séjournèrent habituellement jusqu'au mois d'avril 1792.

Les événements politiques ayant chaque jour un aspect plus menaçant, l'émigration augmentait, et l'on ne sait ce qu'il faut le plus plaindre de ceux qui étaient restés sur le sol de la patrie ou de ceux qui l'avaient quitté. Les premiers risquaient leur tête ; les derniers, séparés de pays, amis, parents, vivaient de privations et de misère et souvent apprenaient en exil la mort des leurs sans pouvoir faire autre chose que de les pleurer. Les jours devenaient de plus en plus mauvais pour tout ce qui était honnête en France. Il est de mode parmi les gens dont rien ne vient déranger l'heureuse digestion de jeter un blâme sévère sur les Français qui émigrèrent pendant la Révolution. Peut-être eussent-ils été plus habiles en résistant par la violence aux premières violences ; peut-être eussent-ils été plus héroïques ensuite en se faisant tuer sur le pas de leurs portes, mais l'héroïsme n'est pas une denrée courante, même parmi les juges sévères de l'émigration. Pour porter sur un tel sujet un jugement équitable, il faut voir les événements d'alors, non dans une sorte de mirage rétrospectif, mais par les yeux mêmes des contemporains. C'est ce que je veux essayer de faire ici en citant le témoignage de Julie-Angélique de Montchenu, marquise de Beausemblant, ma bisaïeule maternelle, et celui de M. de Nolhac, bien suggestifs l'un et l'autre. Ils nous diront ce qu'était alors la vie en Dauphiné et à Lyon, ainsi que les souffrances des émigrés.

La spirituelle et passionnée Julie-Angélique de Montchenu, dont nous avons toute une correspondance avec son mari, écrivait à celui-ci, réfugié à Coblentz : « Il neige. Messieurs de la Fayette et de Maubourg étaient dimanche passé au Puy où le premier devait être couronné au spectacle. Il en avait donné un en embrassant tous les savetiers et gens semblables de cette ville qui avaient désiré ou permis cette paternité. »

C'est de chez le comte de Tournon, son cousin, qu'elle envoyait cette lettre. En le quittant elle vint s'établir à Lyon où elle avait loué avec sa sœur, la marquise de Maclas, un appartement coûtant cent francs par mois. Ces dames couchaient dans la même chambre pour pouvoir conserver un salon. De Lyon, Mme de Beausemblant donnait à son mari des nouvelles de leurs enfants. De Joséphine, l'aînée, qui fut la comtesse de Leusse, ma grand'mère, elle disait : « Joséphine est un peu engraissée. Elle est toujours bien étourdie, mais elle a un cœur excellent qui en fera tirer grand parti. » De Laure, la cadette, qui fut la comtesse de Vogüé, grand'mère d'Eugène Melchior de Vogüé l'académicien, elle ajoutait : « Laure a mis une dent depuis peu ; c'est une dent contre tout le monde. » Enfin, elle finissait en disant : « Adieu, mon ami, tu sais combien je t'aime ; c'est mon bonheur et mon tourment. » Une autre fois elle exprimait ainsi ses sentiments :

« Je suis loin d'être contente ; partout je porte un cœur malade, partout je sens l'éloignement de ce que je voudrais près de moi et cette pensée errante qui te suit ne me laisse jouir de rien et me transporte sans cesse là où est mon vrai bien. Je n'existe point où je me trouve, mon esprit est ailleurs. C'est *(sic)* mes sentiments qui le dirigent, devine où il est fixé : mon ami, tu devrais voir sans cesse une ombre sur tes pas, il me semble souvent que j'y suis attaché et que tu t'en aperçois. »

La marquise de Sévigné, si elle eût aimé son mari, eût-elle mieux dit ?

Dans une autre lettre du 8 mars 1792, parlant des moyens employés pour échapper aux tracasseries révolutionnaires, en Dauphiné, Mme de Beausemblant disait : « On enlève de chez soi les choses précieuses et dans l'habitation d'une de mes amies (la sienne, à Beausemblant) il n'y a plus actuellement que ce que l'on transporte avec dégât. Les papiers, même ceux qui avaient déjà été mis de côté, seront déposés en lieu plus sûr ; jusqu'aux denrées même seront vendues ou mises hors d'atteinte. »

Mais elle eut à apprendre à son mari de plus grands malheurs, la mort de son fils, enlevé par une atteinte de croup pendant une courte absence que la marquise avait faite pour tâcher d'arracher quelques-uns de ses biens au gouvernement révolutionnaire. En rentrant chez elle, la pauvre femme n'y retrouvait plus son enfant.

Si l'habitation à la campagne était devenue insupportable, grâce aux vexations des municipalités, aux incursions des cambrioleurs officiels venant visiter les châtelains, piller leurs maisons et parfois s'égayer tout à fait en y mettant le feu, des plaisirs analogues étaient réservés aux citadins.

La France se laissait conduire à Paris, en province, dans les grandes villes par quelques brutes sanguinaires. A Lyon, un petit commerçant, bête fauve dénuée d'intelligence, a dominé pendant plusieurs mois la ville, au point d'imposer, même après sa mort, son nom à la Croix-Rousse, qui s'est pendant quelque temps appelée commune Chalier. Comment cela put-il se faire ? Un homme éminent, M. de Nolhac, qui a supporté ce régime, nous en fournit l'histoire et l'explication dans son récit du siège de Lyon.

« C'est la peur qui est la cause de la perte de bien des batailles : Eh' bien ! c'est la peur qui s'était emparée de nous, qui nous faisait vivre au jour le jour, trop heureux, chaque matin, en apprenant les discours qui avaient été tenus dans les clubs si nous n'avions pas été arrachés à nos demeures pendant la nuit et jetés dans un cachot [1] ! »

« L'esprit de *terreur* est l'arme dont nous voyons, dans les écrits sacrés, que Dieu se sert souvent pour punir les peuples et les rois, et qui est opposé à cet esprit de conseil et de force par lequel ils triomphent [2]. » Alors la France avait la *Terreur* « mal terrible, mal inexplicable, mal que les livres saints appellent le mal de Dieu [3]. »

M. de Nolhac raconte que dès le mois d'août 1792 les révolutionnaires maîtres du pouvoir à Lyon « pour tenir la populace dans une fièvre continuelle, ordonnèrent des visites domiciliaires pendant la nuit, pour compter le nombre des habitants de chaque appartement, fouiller partout, jusque dans les paillasses des lits que l'on perçait avec la baïonnette..... malheur à la famille dans le domicile de laquelle on aurait trouvé une image pieuse ou un objet quelconque qui eût offert un souvenir de l'ancien régime ! Cette visite se fai-

---

[1] *Souvenirs de la Révolution à Lyon*, Nolhac, p. 85.
[2] *Ibid.*
[3] *Ibid.*, p. 86.

sait souvent avec cette révoltante grossièreté de manières et de langage que favorisait le tutoiement introduit dans les habitudes révolutionnaires ; elles se faisaient aussi avec un appareil militaire qui semblait faire croire à celui qui en était l'objet qu'elles se termineraient par l'emprisonnement. Combien de fois, tout à coup, au milieu de la nuit, le retentissement de la *générale* est-il venu nous réveiller en sursaut ! Aussitôt les deux extrémités de la rue étaient gardées ; nul ne pouvait sortir, et il fallait se préparer dans chaque maison, dans chaque étage, à recevoir les perquisiteurs. Parmi tant de vexations que nous avons endurées, celles-ci peuvent être mises au nombre des plus pénibles. On n'osait plus s'endormir, de peur d'être réveillé subitement au milieu de la nuit pour passer plusieurs heures dans une cruelle incertitude, et dépendre ensuite de la volonté d'un commissaire de section qui, maître absolu, n'avait qu'à dire un mot pour que le père de famille fût arraché de sa demeure [1]. »

Afin de compléter leur triomphe, les clubistes, en 1793, ayant comploté de marcher sur l'hôtel de ville, de se défaire du maire et de s'emparer des principaux habitants, le maire, M. Nivière, prévenu à temps, fit échouer leur dessein, malgré les représentants du peuple qui appuyaient ces tentatives de désordre. Les Lyonnais honnêtes, exas-

---

[1] *Souvenirs de la Révolution à Lyon*, Nolhac, p. 102, 103, 104.

pérés par tant d'oppression, se révoltèrent enfin ;
le 29 mai 1793, voyant qu'ils n'avaient plus d'autre
parti à prendre que de vendre chèrement leur vie,
la plupart se réunirent spontanément dans chaque
quartier et marchant en bataillons sur l'arsenal, y
prirent des armes, bousculèrent les troupes qui
voulaient s'y opposer et entrèrent à l'hôtel de ville
qui resta quatre mois en leur pouvoir. C'est alors
qu'eut lieu le siège de Lyon ordonné par la Convention. Celle-ci, maîtresse de la cité, après quatre
mois de siège, agita la question de la détruire
entièrement, mais se contenta de la dévaster et de
lui imposer le nom ridicule de Ville Affranchie.

On le voit, il fallait, sous la vraie République,
subir à la campagne des taxations immodérées, la
visite de bandes incendiaires ; il fallait à la ville
s'exposer à des maux pires encore, ou bien s'expatrier et aller mourir de faim à l'étranger. Quelle
mentalité ont donc les gens qui blâment les malheureuses victimes du plus affreux despotisme et
réservent tous leurs attendrissements pour leurs
bourreaux ?

VIII

Le marquis et la marquise de Leusse n'avaient
pas fait de longs séjours à Carouge. La défense de
leurs intérêts, la crainte de passer pour émigrés
les ramenaient en France dès qu'ils croyaient passées les plus dangereuses attaques de l'esprit révolutionnaire. C'est ainsi que des certificats de résidence leur sont délivrés à Lyon et en Dauphiné
en avril 1792 pour six mois écoulés, en juillet
même année, puis du 14 novembre 1792 au 31 janvier 1793. On ne pouvait alors entrer en France,
à volonté, ou se fixer au dehors. Il fallait se pourvoir constamment de certificats de résidence pour
échapper à la confiscation et à la mort. Lorsque
commandent les vrais républicains, leur amour de
la liberté est si grand qu'ils la confisquent à leur
profit. Aussi n'était-ce qu'au prix des biens que
l'on sauvait sa vie, quand ils détenaient le pouvoir, et qu'au péril de la vie que l'on pouvait
défendre ses biens. Cruelle alternative dans laquelle
nos pères passèrent les journées d'angoisse qui les
séparaient de la catastrophe finale ! Quels étaient-

ils donc pour que la fureur révolutionnaire les poursuivît ainsi ? Par quels actes avaient-ils motivé
son déchaînement ? Un mémoire écrit de la main
de la marquise de Leusse, après la mort de son
mari, nous remémore ce qu'il fut et nous donne
tout l'historique des derniers mois de sa vie. Ce
mémoire va faire maintenant en partie le fond de
ce qu'il me reste à écrire.

« Depuis son mariage, établi dans ses biens, il
ne s'est occupé qu'à faire fleurir l'agriculture, faire
travailler les pauvres, les soulager, les nourrir et
les vêtir, au point que la campagne qu'il habitait
ordinairement, qui était mal cultivée, qui rapportait fort peu de grains, par ses encouragements et
ses exemples est devenue très productive ; il a formé
des agriculteurs et les habitants lui doivent l'aisance dont ils jouissent. Il y avait des mûriers
dont ils ne tiraient presque point de parti. Il a fait
venir des Cévennes des gens pour apprendre aux
habitants à faire les vers à soie ; rien n'échappait
à son désir de rendre ces habitants heureux et
industrieux. Pour détruire la chicane source de
ruine, il avait formé une espèce de tribunal de
conciliation, où, avec trois ou quatre habitants les
plus instruits, il tâchait chaque premier dimanche
du mois d'arbitrer tous les différends qui naissaient
parmi les habitants. Revenu le soir de ses travaux
champêtres, il allait visiter les pauvres et les malades, donnant aux uns de l'argent, payant le chirurgien aux autres, leur fournissant de la viande,

du pain, du vin, du bois, etc... Chaque année il habillait un certain nombre de pauvres, chaque jour il donnait de la soupe aux pauvres, aux veuves, aux orphelins. Attaqué depuis quatorze ans d'une maladie qui lui avait ôté l'usage des jambes, ne pouvant plus faire ses affaires, seul dans sa chambre, ne recevant aucune visite, sa porte était toujours ouverte aux malheureux qui ne sortaient jamais sans quelque secours. Si ses maux lui laissaient un moment de relâche, il en profitait pour aller les chercher. Ce sont des faits qu'attesteront tous ceux qui l'ont connu. On ignore une grande partie du bien qu'il faisait parce que c'est le propre de la vertu de cacher le bien qu'elle fait. On sait encore que dans l'année où les ouvriers de Lyon manquaient d'ouvrage, il nourrit un grand nombre de familles de ces malheureux ; on sait que dans la paroisse de Saint-Paul seule, l'abbé Ménétrier fut chargé par lui de distribuer plus de cinquante louis, et voilà l'homme que l'on a sacrifié. On défie qui que ce soit de démentir un seul de ces faits, et de lui trouver, on ne dit pas un crime, mais même l'ombre d'un crime. Bon père, bon mari, bon citoyen, il en a donné la preuve par l'offre qu'il a faite au département de l'Isère, dans le mois de décembre 1793, de tous ses revenus à la nation tant que durerait la guerre, sous une modique réserve pour lui et pour sa famille. »

Rien ne put cependant soustraire M. de Leusse à la rage de ses ennemis. Il avait quitté Lyon avant

le siège de cette ville, menant probablement une
viè errante jusqu'au moment où, en janvier 1793,
il fut obligé d'aller à Vienne pour ses affaires. Une
partie de ses biens était entre les mains des révolutionnaires, les revenus des autres rentraient mal.
Les capitaux étant rares à cette époque, les fermiers étant peu pressés de payer des fermages
pour des propriétés dont ils convoitaient peut-être
eux-mêmes la possession, il fallait, pour vivre, se
créer à tout prix d'autres ressources. Combien de
ventes désastreuses datent de ce temps-là ! Le marquis de Leusse fut obligé de faire comme les
autres et de chercher de l'or, suprême ressource
d'une fuite à prévoir, en vendant des propriétés.
Ainsi furent vendus par lui les bois des Morellières,
aux Côtes-d'Arey, pour une somme de 30.000 francs;
la baronnie de Corcelles, en Bourgogne, pour
150.000 francs [1], et les prés Chapelan, près de
Vienne, pour 22.500 francs. C'est pour cette vente
qu'il vint à Vienne à la fin de 1792. Il fut alors
obligé de se faire délivrer par la municipalité de
cette ville ce certificat de résidence ayant pour
nous un certain intérêt, puisqu'il reproduit son
signalement :

« CERTIFICAT pour Louis Leusse, domicilié à Lyon,
natif de Vienne, âgé de cinquante-six ans, taille
cinq pieds huit pouces, cheveux, sourcils châ-

---

[1] Le prix est indiqué dans le testament de Mme de Leusse.

tains, yeux gris, nez long, bouche grande, menton rond, front grand, visage ovale gravé de la petite vérole, actuellement à Vienne, maison Acloque, quai du Rhône. Y a résidé depuis le premier février dernier.

« Le 30 mars 1793.

> « *Signé :* LEUSSE, Benoît BOUVIER, DE PIERRE, Jacques BRENIER, ACLOQUE, LOUP, MOURET, GENIN, LAVAT, MAGNARD, J.-F. BERGER, GENIN fils, TIXIER, NUGUE, GELAS aîné ; COUTURIER, ROUVIÈRE, DANTHOÏ, BOISSAT, *officier municipal,* DONNA cadet, CLAVEL, *officier municipal,* THEVENIN, DULAC, BENATRU, SÉVERIN, ROUSSILLON, FLORENCE.

« Vu par le Vice-Président et les membres du Directoire de Vienne.

> « *Signé :* PIOT, *vice-président,* DECOMBEROUSSE, BERTRAND, CHOLLIER.

« Vu au Directoire de Grenoble.

> « *Signé :* DUC, B. MONTMORAND. »

M. de Leusse était là avec sa famille, vivant comme à son ordinaire seul et retiré, ne se mêlant à rien, car son état de santé s'opposait à toute action extérieure ; il ne pouvait en effet ni lire ni écrire pendant un quart d'heure sans être obligé de se mettre au lit pour refaire ses forces épuisées.

On fit à Vienne, pendant le mois de mai 1793, une liste des gens suspects bons à mettre en prison. On l'y inscrivit lui et toute sa famille. Aussi, peu après, dans un moment où par surcroît de maux il avait un accès de fièvre, fut-il arrêté, comme le constate l'ordre suivant :

Extrait des registres de la maison d'arrêt de Vienne déposés rière le greffe du ci-devant tribunal du ci-devant district de Vienne, département de l'Isère.

« Ce jourd'huy 19 mai 1793, l'an II de la République, en suite des ordres émanés par les commissaires de la Convention, nous avons écroué dans la maison d'arrêt de cette ville les nommés Leusse et sa fille et la nommée Prunel, veuve, et enjoignons le concierge de la maison de ne s'en dessaisir qu'en suite des ordres de droit.

« Vienne, ce 19 mai 1793.

« *Signé :* D. Verpillon, Gonnet, *capitaine de la gendarmerie.*

En marge : « Conduit à Grenoble le 21 mai 1793.

« Collationné : Caffarel.

« Enregistré et certifié conforme. »

M. de Leusse avait été arrêté, non pas avec une de ses filles, mais avec trois d'entre elles. Il n'est point question dans les pièces officielles de sa femme qui avait pu sans doute échapper à cette première visite de la justice révolutionnaire. L'arrestation eut lieu au milieu d'une effervescence populaire, comme le relate un récit du temps, parmi les cris haineux d'une foule en délire, avec accompagnement des sabres levés et de brutalités d'une soldatesque barbare. Les victimes infortunées furent conduites en cet appareil à la prison et le malheureux père avait la douleur de voir une de ses filles, tremblante pour les jours d'un père si justement chéri, ne pouvoir plus se soutenir et s'évanouir devant lui. On fut obligé de la porter dans la prison.

Alors on mit les scellés sur tous les papiers de M. de Leusse, le séquestre sur tous ses biens et deux jours après il fut conduit, comme un prisonnier important, avec ses enfants, dans les prisons de Grenoble, à Sainte-Marie-d'en-Haut. Mme de Leusse vint promptement l'y rejoindre et dans leur malheur à tous la détermination qui avait été prise de conduire les prisonniers à Grenoble, malgré les souffrances d'un tel déplacement pour un homme malade, pouvait être considérée comme un événement favorable. On avait lieu d'espérer que les jours de tous seraient moins en danger dans la capitale de la province et qu'il serait peut-être plus facile d'obtenir, loin des ennemis secrets et des convoitises allumées, quelque justice pour M. de Leusse et les siens.

Nous avons le certificat d'écrou de Grenoble, le voici :

« Je soussigné Custode, surveillant des maisons de détention, certifie que le citoyen Louis de Leuce *(sic)* père, natif de Vienne, habitant à Lyon, âgé de cinquante-six ans, taille de cinq pieds cinq pouces, cheveux, sourcils et barbe noirs, visage long, front petit, yeux gris, nez moyen, bouche petite, menton rond, et Adèle de Luce, âgée de dix-huit ans, sa fille aînée, du lieu de Bron, Hélène de Luce, sa fille puînée, dudit lieu, âgée de dix-sept ans, et Élise de Luce, sa fille cadette, âgée de douze ans six mois, ont été détenus à Sainte-Marie-d'en-Haut, depuis le 22 mai 1793 jusqu'au 8 août de ladite année.

« A Grenoble, le 6 messidor an III (24 juin 1795) de la République française une et indivisible.

« *Signé :* Bigillon.

« Certifié sincère par le Maire et les officiers municipaux de Grenoble.

« *Signé :* Dumas, Hélie.

« Et par le Directoire.

« *Signé :* Imbert, Dantard. »

Que s'était-il donc passé à Vienne et dans les environs de cette ville pour motiver la fureur populaire ainsi déchaînée et diriger ses coups contre un homme que la maladie autant que ses goûts et ses habitudes rendaient inoffensif et retiré comme le marquis de Leusse? Ce qui se passe toujours en démocratie, régime sous lequel les petits mobiles, les petits intérêts, par le jeu naturel de l'élection à tous degrés, par le fait du gouvernement des partis, ont une répercussion constante, d'abord sur les affaires d'intérêt général puis, par la suite, sur les intérêts privés. La haine d'une femme dédaignée, l'ambition d'un homme de rien seront souvent les mobiles secrets qui feront marcher toute la machine gouvernementale pour aboutir à une vengeance particulière, au gain d'une place. Cela, parce que l'élu doit sa situation à l'électeur influent et que le besoin de ménager ce personnage, surtout s'il est une canaille, ce qui est très ordinaire, conduit celui qui est dans sa dépendance à mettre sous ses pieds la justice, et mieux que cela, pendant les périodes sanglantes, l'honneur et la vie des citoyens. C'est un fait constant sous les régimes populaires, qui suffirait à en dévoiler la nocivité et la turpitude. C'est un fait dont tout le récit suivant porte une preuve évidente.

Voici dans leur lointaine origine les causes particulières qui avaient créé la situation dangereuse dans laquelle se trouvait alors le marquis de Leusse :

Jean-Henri de Laube, propriétaire dans l'Ardèche de la terre des Peyssonnaux, avait épousé sa cousine, Marie de Laube, fille d'André-Emmanuel I de Laube, propriétaire des terres de Bron et de Corcelles.

De ce mariage naquirent deux enfants : André-Emmanuel II et Jeanne-Antoinette, devenue marquise de Leusse.

André-Emmanuel I mourut, ayant fait son testament le 22 mars 1752, par lequel il institua comme héritière Marie, sa femme, substituant à celle-ci André-Emmanuel II et ses enfants, s'il en avait, et après eux Jeanne-Antoinette.

André-Emmanuel II mourut célibataire, le 24 septembre 1768, à peine âgé de 28 ans, avant sa mère, avant par conséquent que se fût ouverte pour lui la substitution, n'ayant fait aucune disposition testamentaire. Sa succession dut se partager entre sa mère et sa sœur, mais, du reste, il laissait à peine de quoi payer ses dettes, ayant eu une fortune personnelle très modique puisqu'il n'avait hérité de son père qu'une part de la terre des Peyssonnaux.

Par le décès de son frère, Mme de Leusse se trouva appelée à recueillir, après la mort de sa mère, le bénéfice de la substitution instituée sur les terres de Bron et de Corcelles par André-Emmanuel I.

Marie de Laube, mère de la marquise de Leusse, avait, vers 1765, pour femme de chambre une nommée Durand, veuve d'un Reinach, qui n'avait été pendant sa vie qu'un malheureux ouvrier. La femme de chambre, étant devenue enceinte d'un domestique de la maison, fut renvoyée. L'enfant dont elle accoucha fut mis à l'hôpital et décéda peu après.

Le jeune de Laube avait protégé la Durand, veuve Reinach, après qu'elle eut été renvoyée de la maison de sa mère ; il paraît qu'il eut des relations suivies avec elle. La veuve Reinach devint enceinte une seconde fois et, le 1ᵉʳ août 1767, accoucha d'un garçon qui fut baptisé Valbe, fils d'un gentilhomme du Dauphiné. Mais son acte de naissance n'exprimait ni le nom de la mère, ni celui du père. M. de Laube paya les premiers mois de nourrissage de cet enfant et mourut un an environ après sa naissance, sans avoir fait aucun acte ni public ni privé d'où l'on pût induire qu'il avait reconnu la paternité. La mère n'avait pas fait de déclaration non plus et n'en fit jamais.

Après la mort de son fils, Mᵐᵉ de Laube continua à payer le nourrissage de l'enfant Valbe ; elle le prit ensuite auprès d'elle en le retirant de nourrice et on l'appela Monteval, du nom d'un immeuble appartenant à la famille de Laube. La comtesse de Laube, en faisant élever Valbe-Monteval, ne remplissait qu'un acte de bienfaisance très commun dans les familles riches. Le jeune homme sut se concilier l'affection de sa bienfaitrice qui, par son testament du 3 mai 1773, lui laissa une pension viagère de cinq cents livres dans le cas où il embrasserait l'état ecclésiastique, et dans le cas contraire un capital de dix mille livres à lui être payé par Mme de Leusse quand il aurait atteint l'âge de 25 ans.

La comtesse de Laube décéda en 1781 et sa fille recueillit alors la substitution disposée par son aïeul dans son testament de 1752.

Le marquis et la marquise de Leusse continuèrent à protéger Valbe-Monteval. Ils le firent instruire, le placèrent chez un procureur et, lorsqu'il eut pris quelque notion des affaires, M. de Leusse en fit son régisseur. Valbe-Monteval contenta d'abord son bienfaiteur, qui eut ensuite à se plaindre de son administration et dut révoquer en 1792 la procuration qu'il lui avait donnée pour l'administration de ses biens. Malgré cette révocation, Valbe-Monteval exigea des sommes importantes des débiteurs et fermiers, en continuant à se présenter comme procureur fondé de pouvoirs de M. de Leusse. Celui-ci fut contraint de l'attaquer en escroquerie devant le tribunal correctionnel. Valbe-Monteval offrit alors de rendre compte et se reconnut redevable de cinq mille cinq cent quinze francs. Mais en même temps il se posait comme fils naturel d'André-Emmanuel II de Laube et demandait le sixième des biens délaissés par lui. Nous avons dit que celui-ci avait laissé juste de quoi payer ses dettes. Au cours de la procédure, Valbe-Monteval accusa les *sieur et dame* de Leusse, qui cependant avaient été ses bienfaiteurs, d'être pleins de morgue et d'insolence, puis il ajouta « qu'avec leurs enfants ils avaient quitté la France dans le cours du mois d'août 1789 pour aller faire leur résidence en Savoie, qu'ils étaient rentrés en France dans les premiers mois de cette année (1792), qu'ils étaient venus à Lyon et successivement à Meyzieu, que quant à leurs fils ils avaient persisté dans l'égarement d'une infinité de Français qui s'étaient retirés dans les états d'Allemagne pour lancer plus à leur aise les foudres de la contre-révolution ».

Cette dénonciation faite par Valbe-Monteval contre des personnes qui l'avaient comblé de bienfaits, contre des jeunes gens qui n'étaient point en tout cas parties au procès, ne fait-elle pas frémir lorsqu'on se rappelle l'époque où elle a été faite, le 4 septembre 1792, au moment où Lyon était cerné par les troupes de la Convention ?

Pour appuyer sa cause Valbe-Monteval prétendait qu'André-Emmanuel II de Laube avait voulu épouser sa mère. Il était soutenu dans ses dires par un certain abbé Samboyan, dont il a déjà été question, ancien familier du château de Bron, curé constitutionnel de Vaux, et qui après le concordat ne fut plus employé. Ce témoin méritait d'autant moins de créance qu'il avait les mêmes opinions révolutionnaires que l'homme dont il soutenait la cause, et qu'il était lui-même en procès avec M. de Leusse pour le paiement de certaines promesses arrachées par lui à la faiblesse de la comtesse Marie de Laube dont il avait habilement su faire le siège.

M. et Mme de Leusse firent appel d'un premier jugement qui ordonnait enquête et interrogatoire sur les faits, mais il fut confirmé comme étant préparatoire, et M. de Leusse condamné aux frais liquidés à soixante et un francs.

Valbe-Monteval n'était point homme à s'arrêter en si bon chemin. Il ameuta contre la famille de Leusse toute une troupe famélique qui voulait s'emparer de ses dépouilles ; leur chef les savait bonnes à prendre. Aussi sa dénonciation porta ses fruits. M. de Leusse fut arrêté, ses fils durent se cacher ; Mme de Leusse fut contrainte à prendre la fuite pendant que son mari était jeté en prison avec les trois plus jeunes de ses filles. Cela ne ralentit point la poursuite de leur persécuteur qui, pour les misérables dépens de soixante et un francs cités plus haut, fit procéder à la saisie du mobilier de M. de Leusse, mis dans l'impossibilité de payer puisqu'il était alors détenu à Grenoble.

Peu après ces événements, le 12 brumaire an II (2 nov. 1793), la Convention rendit le décret qui développait le principe établi le 4 juin de la même année, déterminant les droits que les enfants naturels recueilleraient dans la succession de leurs père et mère. Ce décret renfermait une foule de dispositions rétroactives. L'article 15 disposait que l'enfant naturel qui était en procès avec les héritiers directs et collatéraux pour la succession de ses père et mère, ouverte avant le 11 juillet 1789, et dont les réclamations n'auraient pas été jugées en dernier ressort, aurait le tiers de la portion qu'il aurait eue s'il fût né dans le mariage. Valbe-Monteval prétendit que cet article lui apportait des droits considérables sur les biens d'André-Emmanuel II de Laube et sur les biens substitués d'André-Emmanuel I. Aussi faisait-il de nouvelles démarches et des menaces de plus en plus violentes si on ne cédait pas à ses réclamations.

On voit qui ameutait contre M. de Leusse et sa famille la tourbe révolutionnaire et d'où venait le danger couru par eux. A Grenoble cependant ils purent se croire un moment sauvés. Ils avaient été mis en liberté au commencement du mois d'août 1793 en fournissant caution. Après avoir séjourné quelque temps à l'hôtel, M. de Leusse loua un appartement dans la maison Périer, rue régénérée comme nous l'apprend un certificat de résidence délivré à sa veuve, d'après le vu des registres municipaux, le 14 prairial an III (2 juin 1795). C'est là qu'il s'établit définitivement le 18 septembre jusqu'à l'heure de sa seconde arrestation, continuant son même genre de vie, ne voyant et ne recevant que les pauvres entre lesquels son inlassable charité savait encore distribuer les restes d'une fortune bien incertaine. Il se hâta de se faire délivrer un certificat de non-émigration, signé à Grenoble par les membres du directoire du département de l'Isère, afin de parer en partie les dangers qui le menaçaient. C'était presque une chance pour lui d'avoir été arrêté à Vienne et conduit à Grenoble loin de ses ennemis. Il pouvait espérer que là on l'oublierait et que, sans attenter à sa vie, on se contenterait de piller ses biens. De cette aubaine les agents du gouvernement révolutionnaire ne se privèrent pas. Ils avaient envoyé, le 2 frimaire an II (22 novembre 1793), par la petite poste de Lyon, au citoyen Delusse demeurant à Meyzieu, une lettre dans laquelle on lui disait :

« CITOYEN,

« Il a été arrêté par le département de l'Isère que la contribution des personnes qui ont des enfants émigrés était la même pour 1793 qu'elle a été pour 1792, c'est-à-dire de 700 livres 87 deniers par chaque individu émigré. Vous avez trois enfants dans ce cas et vous devez pour cet objet la somme de 2.101 livres 45 deniers. Je vous prie de me les faire compter sous huit jours, à défaut de quoi le procureur syndic du district de Vienne vous fera contraindre.

« *Le Receveur du district de Vienne,*

« CHARVET.

« Le 2 frimaire de l'an II de la République une et indivisible. »

M. de Leusse n'avait rien à répondre. Il ne pouvait pas dire alors que ses enfants, après être sortis de France, y étaient rentrés ; il fallait se cacher, se laisser piller pour sauver sa tête. C'est ce qu'il fit, tâchant de diriger de Grenoble ses affaires de son mieux avec l'aide d'agents dévoués, parmi lesquels il faut citer particulièrement M. Cliet, son régisseur général. Celui-ci n'était point un homme ordinaire ; c'était un père jésuite, frappé par la persécution, qui gagnait sa vie comme il le pouvait en gérant la fortune du marquis de Leusse, et qui continuait, sous le couvert de cette fonction, à remplir les charges d'un courageux apostolat qu'il devait payer de sa tête. Il fut aussi en 1794 une des victimes de la terreur et un de ces martyrs dont le sang, s'il crie vengeance contre les oppresseurs du pays, crie aussi pitié pour la malheureuse France.

C'est au père Cliet que le marquis de Leusse écrivait les lettres citées ici et que nous avons retrouvées récemment dans les archives de la municipalité de Meyzieu :

Au citoyen Cliet, recommandé au citoyen Ferreux, marchand-traiteur à Vienne, département de l'Isère, pour Meyzieu.

« Grenoble, 3 septembre 1793.

« Je vous prie, citoyen, de m'accuser réception des quinze cents livres que je vous ai envoyées en gros assignats par Geoffray[1]. J'en suis en peine.

---

[1] Homme d'affaires du marquis de Leusse, à Meyzieu.

N'en employez que de gros pour mes impositions, afin de m'en débarrasser. J'en ai encore environ autant. Fournissez-moi quelque occasion de vous les faire parvenir, autrement ils vont me........ entre les mains, et faites-m'en parvenir de petits à la place, de ceux qui ont cours, pour que je puisse payer mon auberge, n'ayant pas de quoi satisfaire mon hôte.

« Je vous recommande d'avoir l'œil à tout, à mes dixmes de Tupin, de Peyssonnaux, des Côtes et de faire comme pour vous, me reposant sur vous. Gardez-moi une forte provision de froment à Tupin, trente à trente-six bichets, et quinze à vingt seigle, pour ma maison, ainsi que toute la provision de noix, faisant le projet de faire un bon séjour à Vienne.

« Je viens de répondre à Champin, tonnelier d'Ampuis, qui me demande cinquante bichets de blé, que je lui en promets vingt. Vous verrez si, ma provision abondante prélevée, les besoins des grangers satisfaits, et autres, vous pouvez en livrer davantage à Champin. Vous le ferez suivant que vous le trouverez à propos. Et je retiens que le prix ne s'en fera qu'à la Saint-Martin, parce que le prix alors, de vous à moi, sera plus cher.

« Vous voudrez bien me répondre par Vienne où les courriers sont bien réglés trois fois par semaine.

« Indiquez-moi une personne à Vienne à qui je puisse adresser les lettres que je vous écris afin qu'elle vous les fasse parvenir. Cela est plus long, mais plus sûr.

« Ne recevez plus de mes fermiers que des assignats qui aient plein cours.

« Dites à Mouton[1] de ne plus vendre de vin de la cave réservée à moins de six francs la bouteille.

« Je vous salue, Citoyen, et je vous assure de mon attachement.

« De Leusse. »

Ainsi, il comptait revenir à Vienne, malgré les dangers courus, rappelé par le désir de se retrouver chez lui, au centre de ses affaires, dans les lieux connus et aimés depuis son enfance, où il comptait, du reste, beaucoup d'amis, d'appuis secrets, même dans la municipalité. Malgré les heures troublées par lesquelles on passait, entre deux arrestations, sous la menace d'une entière spoliation contre laquelle on se défendait du mieux qu'on pouvait, sous celle de la guillotine, dont on ne se défendrait pas, on vivait au jour le jour, donnant son attention aux affaires ordinaires, vendant, achetant, comptant sur un lendemain meilleur quand il devait être pire. Quelle grâce la Providence a faite à l'homme en lui laissant ignorer l'avenir, si ordinairement douloureux, dont son imagination lui fait cependant espérer mille biens à la place des maux qu'il recèle !

---

[1] Son valet de chambre, resté à Lyon ou à Vienne.

Nouvelle lettre le 7 octobre : *Au citoyen Cliet,
à Tupin, entre Ampuis et Vienne. Recommandé au
messager de Condrieu à Vienne*, dans laquelle
M. de Leusse donne les ordres les plus divers,
relatifs à ses affaires, et qu'il termine ainsi :

« J'espère que ma précédente lettre, où étaient
inclus mes certificats de résidence et de non émigration, vous est parvenue [1]. Elle était à l'adresse
de Ferreux. C'est l'avis des membres du département que sous le nom de *famille* est nécessairement
comprise ma femme, à quoi l'on peut ajouter
qu'elle était tranquillement chez elle à cette époque
et qu'on ne lui a rien signifié ; par conséquent
elle ne peut être en demeure vis-à-vis de la loi,
dont la coutume assez ordinaire est de laisser de
côté les femmes. »

Autre lettre du 7 novembre suivant donnant des
renseignements au sujet des séquestres de Bron,
des fermages de la terre des Peyssonnaux, des
ordres pour l'achat d'une carriole et d'une mule,
« mais qui n'ait pas trop bonne façon, afin qu'elle
puisse me rester ».

Puis, au même dossier, une dernière lettre du
14 novembre an II, adressée au père Cliet, prise
probablement sur lui au moment de son arrestation
et commençant ainsi :

« Avant que de livrer, Citoyen, le tableau de

---

[1] Ces papiers, saisis avec les lettres à Cliet, se trouvent, en
effet, dans les archives municipales de Meyzieu.

mon revenu net, vous voudrez bien me le faire passer, puisqu'il serait possible que j'eusse des observations importantes à vous faire afin de le rendre tout à fait exact. » Suivent de nombreux détails d'administration pour Meyzieu, Tupin, les vins à vendre, les provisions à faire, les cultures à préparer. Puis cette note donnant la valeur des assignats :

« Vous trouverez ci-joint, Citoyen, les trois assignats de huit cents francs. Vous me ferez plaisir de m'en faire passer, quand vous pourrez, un sac de mille francs pour vivre. »

Enfin, ceci pour finir :

« Je suis sans bois ici pour la cuisine et les chambres, et ne sais avec de l'argent comment m'en procurer. Les chantiers sont dégarnis. Je serai forcé de quitter Grenoble faute de ressources pour la vie animale.

« Quand vous m'envoyez quelqu'un, La Rose ou un autre, qu'il ne vienne jamais sans une, deux ou trois paires de poulets ou volaille, chapon, de quelque peu que ce soit. Tout est précieux. S'il n'y en a pas à la maison les fermiers en fourniront... »

J'ai cité ces lettres, quoique sans intérêt politique, parce qu'elles sont un témoignage vivant des difficultés de la vie matérielle sous la Révolution. Le peuple souffrait sous ce rapport autant que les hautes classes ; il criait aux accapareurs, ayant lui aussi peur de manquer de pain : c'est ainsi que la

République fait le bonheur des classes pauvres.

Dans ces lettres l'agriculteur qu'était le marquis de Leusse se retrouve. Il donnait des ordres précis, ayant présentes à la pensée ses diverses propriétés, leurs besoins comme leurs ressources. Sa prévoyance embrassait l'avenir, cet avenir qui ne lui appartiendrait pas. Le gouvernement révolutionnaire allait arracher à nos pères et leurs biens et leur vie. Mais aussi ils ne les défendaient pas. Il est stupéfiant de voir avec quel courage stoïque ils marchèrent à la mort, mais aussi avec une sorte de fatalisme et sans résistance.

Nous venons de montrer par la lettre citée en dernier lieu que le gouvernement de la République exigeait des citoyens français qu'ils fissent confidence au fisc du détail de leur fortune, de la source et du produit de leurs revenus. Avant de tuer les moutons, il fallait au préalable les tondre, afin que leur bonne laine ne fût point perdue. L'audace et la coquinerie des maîtres sous les pieds desquels la pauvre France était alors piétinée sont vraiment admirables, mais il y a quelque chose qui l'est plus encore : l'humilité, l'obéissance, la résignation des opprimés. On doit reconnaître qu'ils ont donné un magnifique exemple à ne pas suivre. Leur soumission à la tyrannie des Jacobins, sans excuser celle-ci, l'explique. Qui veut vivre libre doit savoir défendre sa vie et sa liberté ! Un bon syndicat de victimes peut donner à réfléchir au bourreau.

Pour sauver sa tête en temps de révolution, il
ne suffit pas de vivre solitaire et effacé. Comme je
l'ai dit, la haine bestiale des uns, les convoitises
des autres ourdissaient contre les plus humbles
de secrètes trames auxquelles il leur était difficile
d'échapper. Si M. de Leusse pouvait espérer en
1793 n'avoir aucun ennemi à Grenoble, il y avait
ailleurs de bonnes haines nourries de l'âpre désir
de s'emparer de ses biens et qui n'oubliaient point
leur proie. Valbe-Monteval, ayant été son régisseur, connaissait assez le chiffre de la fortune de
son ancien maître, la situation, la valeur de ses
propriétés, pour pouvoir compter s'en adjuger la
bonne part, avec l'aide de coquins de son espèce
et en faisant pression sur les municipalités et les
juges, grâce au crédit que lui donnaient dans le bas
peuple sa demi-instruction et son esprit malfaisant. Du reste, le plus court pour arriver à mettre
la main sur les propriétés du marquis de Leusse
était naturellement de mettre celui-ci dans l'im-
puissance de les défendre : une bonne dénonciation
y suffisait. Aussi ne se fit-elle pas attendre ; elle
fut faite par Valbe-Monteval ou par ses agents
auprès de la Commission temporaire de Lyon.
Celle-ci, composée des terroristes qui avaient saccagé Lyon, ne demandait qu'à bien faire. Elle
donna donc de suite l'ordre suivant·

Commission temporaire de surveillance républi-
caine établie à Ville-Affranchie par les représen-
tants du peuple.

« Vu l'arrêté de la Commission du 4 nivôse, il
est ordonné au républicain commandant de la gendarmerie nationale de faire mettre en arrestation
et traduire aux maisons d'arrêt de Ville-Affranchie
le nommé Leusse, demeurant à Grenoble, et domicilié habituellement à Ville-Affranchie, ainsi que
sa femme, prévenus de correspondance avec les
ennemis de la République et de complicité avec
les rebelles de Lyon.

« Fait à la Commission temporaire de surveillance républicaine le 4 nivôse an II (24 déc. 1793).

« *Signé :* Desaïer, Perrotin, V. P¹ Agar,
Duviquet. S.¹. »

On croirait, à lire cette pièce, qu'on avait, en
perquisitionnant dans les papiers de M. de
Leusse, soit à Lyon, soit à Vienne, trouvé quelque chose de suspect pouvant indiquer une part
prise à un complot contre la République. Hélas
non ! Pas même cela, ce qui eût été un titre d'honneur que nous nous garderions de dissimuler. Malgré des recherches réitérées, la police républicaine

---

¹ Extrait des registres d'écrou de la prison de Grenoble.

ne put rien trouver de pareil. M. de Leusse avait quitté Lyon, comptant y revenir bientôt ; il avait laissé toutes ses lettres et papiers dans son bureau qui a été, ainsi que sa maison, fouillé à plusieurs reprises. Il fut arrêté à Vienne en mai 1793 sans avoir eu le temps de prendre ou cacher aucuns papiers. Ils ont tous passé sous les yeux attentifs de ses ennemis. S'il y avait eu quelque correspondance compromettante, il est à croire qu'elle ne leur aurait pas échappé.

Arrêté une seconde fois, sur l'ordre de la Commission révolutionnaire de Lyon, le 26 décembre 1793, M. de Leusse passa quelques jours dans la prison de Grenoble où il avait la liberté de voir ses parents et ses amis. Il fut ensuite conduit à Lyon. Voici la levée d'écrou :

« Je sous-signé gendarme national à la résidence de cette ville (Grenoble) ai retiré des prisons le citoyen Leusse pour le traduire en Ville-Affranchie par devant la Commission temporaire y établie.

« Grenoble le 11 nivôse an II (31 décembre 1793).

A la marge il y a écrit : « Ladite citoyenne Leusse s'est échappée de chez elle où elle était allée le 8 nivôse an II de la République (28 déc. 1793).

« Pour copie conforme : BIGILLON, *custode*.

« Certifié conforme par l'Administration municipale et l'Administration centrale de Grenoble en l'an VII. »

En même temps que M. de Leusse était arrêté, tous ses biens étaient mis sous séquestre, ce qui était le but principal de la persécution éprouvée par lui.

On voit par la levée d'écrou que Mme de Leusse arrêtée en même temps que son mari avait pu s'échapper. En effet, ayant demandé d'aller chez elle pour y prendre quelques hardes, elle obtint de rester seule un instant. Elle put, grâce à ce moyen, s'enfuir de la chambre où elle était, pendant que ses filles trouvaient à la longueur de son absence mille prétextes afin d'assurer son salut en retardant la perquisition du gendarme Boulliard. Celui-ci ayant ainsi laissé échapper la victime qui lui avait été confiée, fut lui-même arrêté et jugé, mais ensuite élargi. Il eut le front, quelques années après, de réclamer à la marquise de Leusse des dommages et intérêts pour le tort qu'elle lui avait fait en se dérobant ainsi à sa surveillance et à la guillotine. Elle alors fuyait à Lyon même, pour se séparer le moins possible de son mari, et se réfugiait à la Croix-Rousse où elle dissimulait son identité sous le nom de veuve Pêche.

M. de Leusse avait été transporté à Lyon le 31 décembre et écroué en cette ville dans les prisons dites de Roanne, établies dans l'ancien palais des Dauphins, sous la colline de Fourvières. C'est là qu'Humbert II avait préparé, dans de derniers pourparlers, la cession, faite par lui en 1349, du

Dauphiné à la France, cession dont Guy de Leusse, ancêtre direct du marquis de Leusse, avait été l'un des témoins. Son descendant devait sortir de ce palais, transformé en prison, pour monter à l'échafaud.

Quelle fin d'année pour le marquis de Leusse ! Que de souffrances physiques et morales pour lui en cette froide nuit de décembre qui voyait sombrer définitivement tout le bonheur d'une vie et d'une famille, nuit remplie de craintes, vide d'espoirs, nuit dans laquelle tout disait au pauvre patient, séparé des siens, ignorant leur sort : l'heure est venue des derniers sacrifices. Ainsi allaient se consommer dans ce drame intérieur ses forces depuis longtemps affaiblies. Pendant ce temps son procès s'instruisait.

Le 14 nivôse an II (3 janv. 1794), la Commission temporaire de surveillance républicaine de Lyon écrivait à la Commission révolutionnaire qu'elle lui envoyait le procès-verbal de l'arrestation de M. de Leusse : « Nous joignons à cet envoi — ajoutait-elle — quatre volumes qui ont été trouvés sur lui et qui serviront à vous faire encore mieux connaître la moralité de l'individu. »

Que sont donc ces quatre volumes ? Ce sont quatre gros in-douze intitulés : *Colloque de Jésus-Christ, Sacrifice de soi au Saint Sacrement, Méditations sur la passion, Pensées et affections sur la passion.*

Comme cela prouve une âme criminelle et un

esprit occupé à fomenter les passions politiques !

Le 24 nivôse an II (13 janvier 1794), la Commission temporaire écrit encore à la Commission révolutionnaire : « Nous vous adressons un portefeuille trouvé sur Leusse à son arrestation ; il paraît contenir des pièces très intéressantes et d'après lesquelles vous pouvez le juger comme il le mérite. »

Voilà un portefeuille trouvé, dit-on, sur lui lors de son arrestation, que l'on n'envoie point avec les livres le 14 nivôse, mais seulement le 24. C'est un vieux portefeuille [1] dont la serrure est brisée, une sorte d'almanach, avec une peau d'âne pour écrire et un endroit pour tenir les lettres ; il est au millésime de 1788. Sur la seconde feuille est inscrite toute une liste de romans, il y en a une feuille et demie comme cela, et à la suite un compte d'œufs et de beurre ; dépensé à Marseille 36 francs, cuiller de bois, une dinde, etc... Il y a trois ou quatre feuilles écrites au crayon, d'une main étrangère et inconnue. Le reste est en blanc.

Dans l'endroit destiné à tenir les lettres, il y a plusieurs chiffons de papier, tous d'une écriture différente et inconnue. Sur l'un il y a : Pierre Drevet, âgé de 17 ans ; Fleuri Drevet, âgé de 14 ans. Deux cartes d'adresses, une chanson, un

---

[1] Tous ces détails sont tirés d'un mémoire fourni par la marquise de Leusse. Les pièces dont il est ici question sont au dossier du marquis de Leusse aux archives municipales de Lyon.

autre papier sans signature où est écrit . « Engagement d'honneur du 2 octobre 1791 pour s'enrôler dans l'armée des princes. »

Un compte de cordonnier daté du 11 décembre 1791 où il est dit : « Compte des souliers fournis à Monsieur de Luce cadet. »

Une demi-feuille de papier en forme de lettre datée de Mont...? le 18 décembre 1791, pour engager tous les gentilshommes du Dauphiné à aller promptement joindre l'armée des princes, signée : Le comte de Buffevent. Dans cette espèce de lettre on a eu soin d'écrire en plus gros caractère : « Monseigneur le comte d'Artois. » C'est une circulaire. Il n'y a ni adresse, ni timbre, ni cachet qui annonce à qui elle est adressée, ni si elle est partie de l'endroit d'où on la date.

Une autre feuille où est écrit : « Motifs des gentilshommes dauphinois et provençaux réunis pour le règlement fait par les princes, 19 août 1791. »

Une autre feuille écrite de la main de Monteval où il est écrit: « État des livres qui sont au château de Meyzieu, où il y a quelques livres d'inscrits. »

Voilà tout ce que contenait ce fameux portefeuille. Dans le seul compte de cordonnier qui s'y trouvait était fait mention du nom de Leusse, encore y était-il question du fils cadet.

Qui ne voit dans tout cela le projet formé d'avance de perdre M. de Leusse? On avait arrêté à Grenoble ce vieillard malade depuis de longues années, l'accusant de correspondance avec les ennemis de

la République. Il fallait trouver le moyen d'en
fournir quelque preuve. On n'avait cependant rien
découvert pouvant servir à cela dans ses papiers
plusieurs fois fouillés ; on avait en vain arrêté cinq
de ses domestiques ; on les avait interrogés en les
menaçant, en cherchant par l'intimidation à leur
arracher cet aveu qu'ils avaient vu M. et Mme de
Leusse correspondre avec les émigrés. Peine
perdue ; rien n'avait pu les engager à affirmer un
fait contraire à la vérité. Alors on inventa, quinze
jours après l'arrestation, la fable de cette trouvaille
d'un portefeuille compromettant sur M. de Leusse.
Parmi les pièces qu'il contenait et dont on pensait
tirer bon profit pour faire condamner l'infortuné
prévenu était la circulaire de M. de Buffevent.
Ce gentilhomme, cependant, qui connaissait de
longue date M. de Leusse et le savait malade, ne
pouvait ainsi l'engager à rejoindre l'armée des
princes. Mais qu'importait au fond ? Le prétexte à
condamnation cherché était trouvé, c'est tout ce
qu'il fallait à la bande révolutionnaire convoitant
les dépouilles du prisonnier. Les défenseurs de
celui-ci firent en vain remarquer que le portefeuille ne paraissait pas lui appartenir. On n'avait
tout d'abord trouvé sur sa personne, avait dit l'acte
d'accusation, que des livres de piété. Était-il vraisemblable que son portefeuille ne contînt qu'une
liste de romans et un compte de dépenses faites à
Marseille, surtout quand il était notoire qu'il ne
s'était point rendu en cette ville depuis 1788, lors-

qu'il y accompagnait son fils partant pour Malte ?

Puis, en admettant que la lettre-circulaire de M. de Buffevent lui eût bien été adressée, ferait-on croire qu'il l'ait gardée précieusement pendant deux ans, dans ses poches, déposée dans un vieux portefeuille ne fermant pas ; qu'il l'ait emportée de Lyon en 1793 ; qu'arrêté à Vienne pour être conduit dans les prisons de Grenoble, il l'ait toujours gardée sur lui ; qu'arrêté de nouveau en décembre, après avoir été une première fois élargi, que s'étant fait montrer le mandat d'arrêt, se sachant accusé de correspondance avec les ennemis de la République ; étant resté plusieurs jours dans les prisons de Grenoble où il pouvait librement voir ses parents et amis, il ait toujours gardé cette lettre compromettante que l'on dit avoir trouvée sur lui lors de son arrestation ? Le procès-verbal des gendarmes qui l'ont arrêté n'en fait pas mention ; ce n'est que quinze jours après qu'on en parle. Quoique le 14 nivôse on fasse tenir à la Commission révolutionnaire les quatre volumes prétendus trouvés sur lui, on ne parle pas encore du portefeuille qu'il eût été alors plus vraisemblable de prendre dans la poche d'un prévenu que quatre gros in-folio. Ce n'est que le 24 nivôse que tout à coup les in-folio passent au second plan, qu'il est question du portefeuille et qu'on le prétend trouvé sur le prévenu lors de son arrestation. Qui ne voit clairement que n'ayant aucun prétexte pour le condamner, on a pris le premier portefeuille venu, on a mis dedans cette lettre-circulaire avec un compte de cordonnier au nom de Leusse, pour faire peser sur le prisonnier un semblant d'accusation. Il était aisé d'enfermer dans un portefeuille quelconque des lettres et papiers lui ayant appartenu, puisque l'on avait enfoncé à Lyon toutes ses armoires, son bureau où étaient ses papiers et qu'on avait emporté ce bureau avec tout ce qu'il contenait à la section. Mais, à vrai dire, on ne s'est pas donné la peine de colorer l'injustice de son jugement. Ce simulacre de pièces à conviction a paru suffisant à ses ennemis pour persuader les juges d'un prétendu crime. Ceux-ci, du reste, n'ont pas cherché à avoir l'air de condamner M. de Leusse avec justice, car son jugement dit qu'il a été convaincu d'avoir porté les armes comme rebelle pendant le siège de Lyon, c'est-à-dire du 29 mai 1793 à la fin de septembre de la même année. Or, à côté de son jugement, on a enliassé un certificat de résidence qu'il avait pris à Grenoble à la fin de décembre 1793, par lequel il est prouvé que depuis le mois de mai jusqu'à ce jour il était resté à Grenoble sans interruption. D'ailleurs il est prouvé également par les registres d'écrou qu'il était en prison dans la capitale du Dauphiné lors du siège de Lyon.

Pendant que ses ennemis s'acharnaient à sa perte, M. de Leusse avait fait un dernier effort pour sauver sa tête en se procurant les papiers prouvant qu'il n'avait pas pu prendre part au siège de Lyon, et c'est ce qui explique la présence de ses certificats de résidence au dossier de sa cause; il voulut aussi avoir un certificat du médecin prouvant son incapacité de faire une campagne active. Il écrivit dans ce but à sa tante de Varax [1] :

« Si vous pouvez, ma chère tatan, m'envoyer mon certificat de médecin que je crois vous avoir laissé entre les mains, tout revêtu de l'approbation civique de la municipalité de Grenoble, ou de ma section, ou de l'une et l'autre, vous pourriez m'obliger beaucoup, et y mettre célérité. Il paraît que cela presse.

« Mais la grande difficulté sera de me le faire parvenir dans ma prison de Roanne, à Ville-Affranchie, et de pénétrer. Cependant la chose est très possible et chaque jour nombre de citoyens reçoivent leur vivre et leur nécessaire.

« J'embrasse mes chers enfants et ma bonne sœur qui leur tient lieu de mère.

« Je vous renouvelle mes tendres respects.

« Votre neveu. »

(Sans signature)
mais de l'écriture bien connue
du marquis de Leusse.

« A Ville-Affranchie, dans les prisons de Roanne, ce 15 nivôse de l'an II de la République française (4 janvier 1794). »

---

[1] J'ignore d'où lui venait cette parenté. C'est, je crois, Mme de Rivérieux de Varax, née de Vidaud de La Tour.

Lorsque le marquis de Leusse écrivait cette lettre, il savait sans doute que sa femme, échappée à ses persécuteurs, était cachée non loin de lui. En effet, obligée de fuir pour se sauver elle-même, elle s'était logée à la Croix-Rousse, alors appelée Commune-Chalier, chez un nommé Jean-Baptiste Burel où elle se dissimulait sous le pseudonyme de veuve Péche[1], pendant que ses fils se réfugiaient dans d'autres retraites et que ses filles étaient auprès de Mme de Vesc et peut-être aussi avec Mme d'Alleman de Champier, comme on le verra.

Quoique proche de son mari, que pouvait faire la marquise de Leusse, traquée elle-même, obligée de se cacher ? Elle laissait agir et paraître les parents et les amis moins malheureux qu'elle, suivant anxieusement les phases dernières du drame douloureux qui touchait à sa fin.

Sans doute on fit tout le possible pour sauver la vie du chef de famille si bon, si tendrement aimé, si digne de l'être. Mais il était une victime agréée du ciel pour payer la rançon des crimes de la France. Nous avons vu qu'il avait, dès 1790, offert à Dieu sa vie pour le salut de son pays : l'offre allait être acceptée et le sacrifice consommé. La justice divine demandant de pures victimes pour

---

[1] C'est là qu'elle vécut pendant un an, du 10 janvier 1794 au 15 nivôse an III (4 janvier 1795), comme le prouve un certificat de résidence donné aux preuves.

être satisfaite et la haine d'un peuple livré aux pires instincts des fauves allaient s'unir ainsi sur cette tête condamnée.

M. de Leusse attendait avec résignation dans son cachot que ses juges sanguinaires décidassent de son sort. Les nombreuses victimes arrachées chaque jour à la prison pour être conduites à l'échafaud ou à la fusillade lui montraient le chemin qu'il suivrait lui-même. La Convention, ayant trouvé que le sang ne coulait pas en quantité suffisante, avait depuis quelques mois remplacé à Lyon Couthon, devenu suspect de modération ou plutôt d'inertie, par Collot d'Herbois et Fouché. Afin de faciliter leur mission, un décret du 2 novembre 1793 avait déclaré « que tous ceux qui avaient pris part, soit directement, soit indirectement à l'insurrection de Lyon, en quelque département qu'ils se trouvassent, seraient renvoyés à Lyon pour y être jugés par le tribunal révolutionnaire et la commission militaire établis en cette ville[1] ». C'est en vertu de ce décret que le marquis de Leusse put être extrait des prisons de Grenoble et conduit dans celles de Lyon. Le corps municipal de cette ville, de concert avec le comité de surveillance, avait dressé une liste des citoyens riches et contre-révolutionnaires de Ville-Affranchie. Bientôt les prisons de Lyon furent encombrées. Pour les vider, les représentants du peuple

---

[1] Fayard, *Les Tribunaux révolutionnaires*, p. 103.

Collot d'Herbois, Delaporte, Albitte et Fouché arrêtèrent, le 27 novembre 1793, la création d'une commission chargée « de juger révolutionnairement et de ne conserver dans les formes que celles qui s'accordaient avec le prompt effet de la volonté du peuple [1] ».

Par suite du refus des citoyens Marcelin et Vauquois qui, lassés peut-être d'envoyer à la mort tant de leurs concitoyens, avaient refusé de faire partie de la nouvelle commission, celle-ci ne fut composée que de cinq membres. Andrieux, l'un d'eux, se démit bientôt de ses fonctions et il fut remplacé par André Corchand, de Paris. Il n'y avait ni accusateur public, ni greffier assistant. Un secrétaire était présent, mais il ne signait pas les jugements. La Commission révolutionnaire fut le véritable tribunal extraordinaire de Lyon. Chargée non seulement de faire l'application la plus large de la loi des suspects, mais encore d'ordonner les exterminations en masse, cette commission était affranchie de toutes les formes judiciaires. Plus d'instruction préalable, plus d'audition de témoins, plus d'accusateur public. Rien que des preuves morales et la conscience des juges.

« La nouvelle commission siégeait deux fois par jour, de 9 heures du matin à midi et de 7 à 9 heures du soir, dans la salle du Consulat à l'Hôtel de Ville. Les juges étaient revêtus d'un uniforme

[1] Fayard, *Les Tribunaux révolutionnaires*, p. 80.

militaire avec épaulettes et sabre au côté. Ils étaient coiffés d'un chapeau militaire surmonté d'un panache rouge. Ils portaient autour du cou un ruban tricolore auquel était suspendue une petite hache en acier brillant. Nul emblème ne pouvait mieux indiquer leur terrible mission. Devant de tels juges les débats ne pouvaient être longs. En moyenne, chaque quart d'heure, on jugeait sept prisonniers, et quelquefois un plus grand nombre. Les débats consistaient en un simple interrogatoire, ne comprenant le plus souvent que trois questions : Quels sont tes noms et profession ? Qu'as-tu fait pendant le siège ? Es-tu dénoncé ?

« Deux registres furent placés devant les juges. Lorsque Parein [1] inscrivait le nom de l'accusé sur l'un des registres, c'était la liberté ; si Corchand inscrivait le nom de l'accusé sur le second registre, l'accusé était condamné. Au signal donné le guichetier touchait l'épaule de l'accusé et lui disait : suis-moi. Ils prenaient ensemble l'escalier tournant et les condamnés étaient conduits dans la mauvaise cave à l'angle de la place des Terreaux et de la rue Lafont. Ceux qui devaient être mis en liberté étaient placés dans la bonne cave située à l'angle de la rue Puits-Gaillot et de la place des Terreaux [2]. »

C'est pour comparaître, avec une pareille procé-

---

[1] Le président.
[2] Fayard, *Les Tribunaux révolutionnaires*, p. 127.

dure, devant cet infâme tribunal que le marquis
de Leusse fut extrait de sa prison, le 25 nivôse
an II (14 janvier 1794), et conduit au tribunal révolutionnaire. Sa condamnation était écrite d'avance.
Il en écouta la sentence sans surprise et sans faiblesse, en chrétien pour qui aller à la mort n'est
point cesser de vivre, mais au contraire marcher à
une vie meilleure dans le sein de Dieu ; il l'écouta
en gentilhomme, petit-fils de soldats morts pour
la France, comme il allait mourir lui-même.
Voici le jugement prononcé par la Commission
révolutionnaire au nom de la liberté et de l'égalité.

LIBERTÉ — ÉGALITÉ

Au nom du peuple français.

JUGEMENT

DE LA COMMISSION RÉVOLUTIONNAIRE

*Prononcé en présence du peuple, sur la place de la Liberté, le
25 nivôse, l'an second de la République française une, indivisible et démocratique.*

« La Commission révolutionnaire établie à Ville-
Affranchie par les représentants du peuple,

« Considérant qu'il est instant de purger la
France des rebelles à la volonté nationale, de ces
hommes qui convoquèrent et protégèrent à main
armée le congrès départemental de Rhône et
Loire ;

« De ces hommes qui portèrent les armes contre leur patrie, égorgèrent ses défenseurs ;

« De ces hommes qui, complices des tyrans, fédéralisaient la République pour, à l'exemple de Toulon, la livrer à ses ennemis et lui donner des fers ;

« Ouï les réponses aux interrogatoires subis par les ci-après nommés, et attendu que la Commission révolutionnaire est intimement convaincue qu'ils ont tous porté les armes contre leur patrie ou conspiré contre le peuple et sa liberté et qu'ils sont reconnus pour être contre-révolutionnaires ;

« La Commission révolutionnaire condamne à mort[1] :

« Anne Rochard, femme de Claude Sonnerie, vinaigrier, natif d'Andena, district de Ville-Affranchie, rue des Hébergeries, section du Change.

« Pierre Dupin, maître d'armes, natif de Salitieux (Ardèche), demeurant à Commune-Affranchie, rue Tramassac, section de Porté-Froc.

« Louis Luce[2], dit Coste, ex-noble, rentier, natif de Vienne (Isère), demeurant à Meyzieu, même département.

« Antoine Chavance aîné, ci-devant voyageur,

---

[1] La guillotine était établie en permanence sur la place des Terreaux où on fusillait également.

[2] C'est le marquis de Leusse.

natif de Belley (Ain), demeurant à Commune-Affranchie, rue Lanterne, section Saint-Pierre.

« Pierre Dufour, marchand de ferraille, natif de Commune-Affranchie, y demeurant rue Raisin, section Sautemouche.

« Claude Sonnerie, vinaigrier, natif de Saint-Clément, district de Villefranche, demeurant à Commune-Affranchie, rue des Hébergeries, section du Change.

« François Pavi, ci-devant vicaire, natif de Roanne, demeurant à Commune-Affranchie, rue de la Vieille-Monnaie, section de la Grande-Côte.

« Jean Métalié, domestique, natif de Vair (Hautes-Alpes), demeurant à Commune-Affranchie, rue de la Convention, section de rue Terraille.

« Jean-Joseph Niogret, garçon épicier, natif d'Audeville (Ain), y demeurant.

« Étienne Ballet, ci-devant chartreux, natif de Commune-Affranchie, y demeurant quai des Augustins, section de la Pêcherie.

« Antoine-Marie Naudeau, avoué, natif de Saint-Genis-Laval (Rhône), demeurant à Commune-Affranchie, rue Marat, section du Change.

« Et Claude Barmon, brasseur de bière, natif de Commune-Affranchie, demeurant à Miribel (Ain).

« Toutes les propriétés des susnommés sont confisquées au profit de la République, conformément à la loi.

« En conséquence, la Commission révolutionnaire charge le commandant de la place de Commune-Affranchie de faire mettre à exécution le présent jugement, lequel sera imprimé et affiché partout où besoin sera.

« Ainsi prononcé d'après les opinions de Pierre-Mathieu Parein, président ; d'Antoine Lafaye aîné ; de Pierre-Aimé Brunière ; de Joseph Fernex et d'André Corchand, tous membres de la Commission.

« Fait à Commune-Affranchie, le 25 nivôse an second de la République Française une, indivisible et démocratique.

« *Signé* sur la minute :

« PARREIN, *président*; LAFAYE aîné ; BRUNIÈRE ; FERNEX et CORCHAND.

« Collationné conforme à l'original ·

BRÉCHET,
Secrétaire général de la Commission[1]. »

Après avoir entendu la sentence qui le condamnait à mort, le marquis de Leusse, rentré dans sa prison, y écrivit à ses enfants la lettre suivante[2] qui montre la hauteur de sa foi et l'admirable sérénité de son âme.

[1] Extrait par Mᵐᵉ A.-M. de Franclieu des archives municipales de Lyon.
[2] Trouvée par Mᵐᵉ A.-M. de Franclieu dans les archives de l'archevêché de Lyon.

Lettre du marquis de Leusse à ses enfants qui sont à Vienne [1], en famille.

« A l'article de la mort, 25 nivôse
(14 janvier 1794).

« Mes chers Enfants,

« Je vous embrasse et je vous recommande de regarder votre tante Champier [2] comme votre maman, de l'aimer, de la croire, de lui obéir, de lui donner toutes sortes de consolations. Je vais à la mort, malgré la multitude et l'énormité de mes offenses, avec résignation, avec crainte, avec amour, après m'être confessé par une grâce toute spéciale de Dieu, que je supplie d'être pour vous toutes et tous, et pour votre bonne maman, ma très chère épouse, un Dieu de miséricorde et de consolation, vous priant de le servir sans relâche, sans partage, et de dire chaque jour pour mon âme un *De Profundis*, et vous donnant à toutes et à tous, malgré mon extrême indignité, ma bénédiction du fond du cœur.

« Votre père,

« Le Marquis de Leusse. »

[1] Ou Sienne.

[2] Est-ce Mme d'Allemand de Champier ? Est-ce plutôt un nom déguisant l'identité de la marquise de Vesc, sœur de M. de Leusse ?

M. de Leusse avait vécu sans reproche et mourut sans faiblesse. Au moment de l'exécution, toujours maître de lui-même, il dit à son bourreau qu'il lui pardonnait et qu'il lui donnait sa montre. Il est inscrit parmi les victimes de la Terreur en la manière suivante :

« CINQUIÈME TABLEAU des contre-révolutionnaires mis à mort à Commune-Affranchie, ci-devant Lyon, en conséquence des jugements rendus par la Commission révolutionnaire les 14, 16, 18, 22, 23, 25, 27 et 28 nivôse, l'an second de la République française une, indivisible et démocratique.

Noms de baptême. de famille.	Age.	Lieu de naissance.	Résidence.	Profession.
Louis Luce dit de Coste.	60 ans.	Vienne en Dauphiné.	Meyzieu.	Rentier.

Motifs : Ex-noble, correspondant avec les émigrés.

N° 1057.

« Certifié sincère et véritable par nous, membres de la Commission révolutionnaire.

« PAREIN, *président;* LAFAYE aîné; BRUNIÈRE; FERNEX et CORCHAND. »

« Collationné conforme à l'original.

« BRÉCHET, *secrétaire.*

« A Commune-Affranchie, imprimerie Revol, rue Thomassin, n° 6.

(Archives de Lyon.)

Quoique le nom du marquis de Leusse soit tout déformé par le scribe du tribunal, il n'y a point de doute sur son identité établie par le certificat suivant :

« Certificat de résidence pour Louis de Leusse, décédé le 25 nivôse an II de la République française, ce qui nous a été justifié par un jugement de la Commission révolutionnaire lors établie à Lyon, et le procès-verbal d'exécution à la susdite date qui nous a été remis par la citoyenne Jeanne-Antoinette de Laube, veuve du susdit Louis de Leusse, quoique le nom du certifié ait été tronqué dans les actes dont il est parlé où il a été désigné sous le nom de Louis Luce, dit Coste, ce qui est de plus à notre parfaite connaissance.

« Fait à l'Administration municipale, le 24 brumaire an VI (14 novembre 1797).

« *Signé :* De Laube de Leusse, Neyret, Tavernier, Achard, Falconet, Chandelier, Sartre, Brunet, Cols, Lacroix, Reynaud, *président,* Jacques Sablié, *administrateur,* Odinet, *administrateur,* Vallelion, *administrateur.* »

On vient de le voir, les juges iniques qui condamnèrent à mort le marquis de Leusse, expédièrent avec lui ce jour-là douze condamnés, parmi lesquels un chartreux, Dom Étienne Balley, dont Mlle A.-M. de Franclieu a écrit la vie. Elle nous dit que ce saint religieux consacra sa dernière nuit à donner les secours de la religion aux prisonniers. Elle ajoute : « On le conduisit au supplice avec douze condamnés, parmi lesquels étaient un prêtre, Monsieur François Pavy, premier vicaire de Saint-Polycarpe ; un noble, le marquis de Leusse, originaire de Vienne, demeurant à Meyzieu ; deux vinaigriers, un voyageur de commerce, un maître d'armes, un marchand de fer, un garçon épicier, un domestique, un avoué, un brasseur de bière.

« Tous les rangs de la société étaient, on le voit, confondus dans la même proscription ; tous les condamnés venaient d'être accusés des mêmes crimes : « Ils avaient convoqué et protégé le « congrès départemental de Rhône et Loire, porté « les armes contre leur patrie, égorgé ses défen- « seurs.... Ils avaient conçu le dessein de fédéra- « liser la République pour, à l'exemple de Toulon, « la livrer à ses ennemis et lui donner des fers. » Odieuses calomnies dont les maîtres d'alors étaient prodigues envers leurs victimes [1]. »

Il est à croire que le marquis de Leusse, qui put se confesser avant de mourir, comme il l'a écrit à ses enfants, le fit soit à l'abbé Pavy, soit à Dom Balley, qui moururent le même jour que lui.

On connaît la fin de quelques-uns des membres

____

[1] A.-M. de Franclieu. *L. P. Dom Étienne Balley*, p. 22.

de la Commission révolutionnaire qui les envoyèrent à l'échafaud. Fernex et son collègue Lafaye
furent massacrés par le peuple et leurs cadavres
précipités dans le Rhône. Parein, plus heureux,
fut mis à la retraite en 1811 comme général et
exilé à Caen où il mourut. Il avait pu, comme bien
d'autres révolutionnaires, braver le jugement des
hommes, mais il lui fallut paraître lui-même devant
un tribunal dont les sentences, toujours justes,
sont éternelles.

IX

Après l'exécution du marquis de Leusse, les
biens de sa femme furent, comme les siens, mis sous
séquestre. Meyzieu avait été dévasté en 1789, puis
occupé par des garnissaires ; les papiers, titres de
propriété avaient été enlevés ou brûlés ; les livres
de compte avaient disparu ; le mobilier existant
dans les différentes maisons de campagne avait été
enlevé, brisé ou vendu nationalement. Les coquins
qui, maîtres du pouvoir, prétendaient incarner en
eux la nation, avaient fait vendre à vil prix le
mobilier de Bron comme celui de Meyzieu ; ils
avaient préféré tout saccager et détruire aux Côtes-
d'Arey.

Tant de malheurs qui accablaient la famille de
Leusse ne firent que rendre plus vives les poursuites de l'ennemi qui avait déchaîné contre elle
la meute révolutionnaire, Valbe-Monteval.

Mme de Leusse, de sa retraite à la Croix-Rousse,
par l'intermédiaire de ses fils, par celui de ses
hommes d'affaires, faisait mille démarches pour
tâcher d'obtenir la levée des séquestres ; elle était

à bout de ressources et ne savait comment subvenir aux nécessités des siens, car les propriétés vendues en 1790 et 1791 pour se procurer de l'argent avaient été ou mal payées ou pas payées du tout; leur prix ne rentra que plus tard, partiellement, après de longs procès.

Valbe-Monteval, s'étant autorisé du titre de fils naturel d'André-Emmanuel II de Laube, s'était fait mettre en possession du tiers des biens de Bron, du tiers des biens des Peyssonnaux, du tiers enfin de tous les biens provenant à la famille de Leusse de la substitution faite autrefois par André-Emmanuel I de Laube. Monteval s'empara de tout cela, malgré l'opposition de Mme de Leusse, qui s'était bien pourvue en cassation, mais les temps n'étaient pas encore assez favorables pour faire écouter les réclamations d'une femme réputée contre-révolutionnaire, qui n'osait sortir de sa retraite et dont le mari venait d'être condamné à mort comme conspirateur. Cependant elle ne se lassait pas et multipliait les démarches pour obtenir la levée du séquestre et la rentrée en jouissance de ses biens de Bron, ce qui assurerait sa subsistance. Le 14 floréal an III (3 mai 1795), le Directoire du district de Vienne, par ses membres nommés Cécillon, Dupuy, Accarier, jugeait sa réclamation dans laquelle elle exposait « que l'armée envoyée contre Lyon, ayant séjourné aux environs de sa propriété, s'était approvisionnée dans ses bois; que les bâtiments avaient été donnés en logement à la troupe qui en avait mésusé au point qu'ils étaient prêts à crouler, ce qui était constaté dans un procès-verbal portant les dégâts à cinquante mille livres. » Elle avait ajouté dans cette requête « que Valbe-Monteval avait surpris un jugement contre elle, profitant de ce moment affreux où, abîmée dans son chagrin, elle cherchait à soustraire une famille infortunée aux coups de ce féroce assassin qui, après avoir égorgé l'homme le plus respectable, voulait encore répandre le sang de ses enfants aussi innocents que leur père ». Il avait en effet réussi à faire inscrire sur la liste des émigrés les enfants du marquis de Leusse et celui-ci lui-même trente-trois jours après sa mort, comme il sera dit plus loin.

La cause vint au Directoire du département de l'Isère qui, sous les signatures Chenavas, Puit, Gautier, alloua seulement à Mme de Leusse une somme de 2.000 francs sur sa propriété de Bron, pour son entretien personnel.

Mme de Leusse obtenait quelques jours après, le 7 prairial an III (26 mai 1795) du Directoire de Mâcon sa radiation de la liste supplémentaire des émigrés.

Valbe-Monteval, craignant une réaction probable contre l'inique loi qui le mettait en possession des biens dont il s'était emparé, cherchait à les vendre pour mettre en portefeuille le prix qu'il en retirerait; il fit même proposer à la marquise de Leusse de traiter avec lui, en lui promettant d'employer tout son crédit pour lui faire obtenir la mainlevée du séquestre mis sur ses biens si elle voulait lui abandonner tout le domaine des Peyssonnaux et 100.000 livres en numéraire, dont il avait besoin, disait-il cyniquement, pour arranger ses affaires.

C'est ici que se montre à nu, comme je l'ai dit au chapitre précédent, le vice profond des institutions démocratiques. Valbe-Monteval était un coquin vulgaire, qui n'a pas laissé de traces dans l'histoire locale de la révolution à Vienne, et cependant, sous le régime de la domination populaire, sa volonté était en 1795 une puissance avec laquelle amis et ennemis devaient compter. Il avait sa clientèle de gredins marchant à sa voix, soumis à sa direction, avec lesquels il influençait alors à volonté les juges et les municipalités, dictant aux premiers leurs arrêts, aux secondes l'impulsion qu'elles auraient à donner à la force publique. Aussi marchandait-il avec autorité le prix de ses services, les cotant d'autant plus cher qu'il pouvait à son gré les transformer en une redoutable inimitié.

On entra donc en négociation avec lui avant le mois de ventôse an III (février-mars 1795). Mme de Leusse résistait, lorsque tout à coup ses trois fils, qui n'avaient encore été portés sur aucune liste, furent dénoncés, comme je l'ai dit, par un *quidam* au district de Vienne et inscrits comme émigrés. Le dénonciateur avait même des renseignements si exacts qu'il les avait fait inscrire par rang d'âge, avec leurs noms et prénoms, qui ne pouvaient être connus que de ceux qui avaient eu des relations habituelles avec eux. Cette dénonciation alarma Mme de Leusse et ses fils ; ceux-ci crurent que Monteval en était l'auteur caché et qu'il ne fallait pas résister plus longtemps à un homme qui pouvait être si dangereux ; ils pressèrent donc leur mère de traiter avec lui et invitèrent M. de Rachais à s'interposer pour faire aboutir un arrangement. Mme de Leusse fut obligée de céder à la force des circonstances et, le 2 prairial an III (21 mai 1795), elle donna une procuration à M. Guillermin, maire de Vienne [1], pour l'autoriser à traiter et à transiger sur toutes les difficultés qu'elle avait avec Monteval. Les négociations furent en conséquence reprises et le 3 prairial (22 mai 1795) fut conclu un traité si léonin que Mme de Leusse reprochait à M. Guillermin d'être allé plus loin dans l'accord que ne le comportait sa procuration. A cette plainte, le maire de Vienne répondait :

« MADAME,

« C'est précisément parce que Monteval est fort content que vos intérêts vous forcent, malgré vous, à l'être aussi. Monteval est plus pressé que vous de voir vos fils rayés de la liste. Déjà ses

---

[1] M. Guillermin, maire de Vienne, était fils du notaire viennois qui avait été le tuteur onéraire du marquis de Leusse et dont nous avons cité les lettres.

suppôts disent que vos fils ne sont pas allés plus loin que dans leurs domaines, et les mêmes gens avaient déjà une liste de quinze à vingt personnes qui avaient vu vos enfants en Suisse, qu'on devait assigner pour prouver leur absence. Ce que je vous dis à ce sujet ne doit pas être divulgué parce que je le tiens du Directoire et des juges de paix[1]. »

Mᵐᵉ de Leusse cependant résistait encore et poursuivait la cassation du jugement arbitral. Monteval répondit qu'il emploierait tous les moyens utiles à sa cause pour faire déclarer non recevable la requête de son adversaire, si bien qu'enfin celle-ci, craignant qu'il ne pût effectivement empêcher sa radiation définitive de la liste des émigrés et celle de ses fils, exécuta provisoirement le traité. En conséquence, le 22 thermidor an III (9 août 1795), une convention sous seing privé fut signée par Monteval et un des fils de Mᵐᵉ de Leusse, réglant la portion des fruits et revenus de Bron dont Monteval devait se prévaloir pour 1795.

Il était alors d'autant plus nécessaire d'arrêter les agissements de Valbe-Monteval que la famille de Leusse était en instance à Vienne pour rentrer en possession de ses biens séquestrés au cours de la négociation. Ayant l'espoir d'obtenir la fortune importante qu'il convoitait, Valbe-Monteval avait ralenti ses poursuites et Mᵐᵉ de Leusse avait pu obtenir l'arrêt suivant :

[1] Archives de Colombier.

Extrait des registres des délibérations du Comité de législation du 16 messidor an III (4 juillet 1795), 5ᵉ région, département de l'Isère, section de Vienne.

« Le Comité de législation en vertu de l'autorisation qui lui a été donnée par le décret de la Convention du 25 brumaire dernier (15 novembre 1794),

« Vu la pétition présentée par la citoyenne Jeanne-Antoinette Laube, veuve du citoyen Louis Leusse, native de Bron, département de l'Isère, domiciliée à Lyon, agissant tant pour elle que pour les citoyens André-Emmanuel, François-Marie, Augustin-Claude-Gabriel Leusse, ses trois fils, et les citoyennes Marie-Sophie, Adélaïde, Hélène et Élisabeth Leusse, ses quatre filles, tous sept héritiers par égales parts de défunt Louis Leusse, leur père.

« Par cette pétition elle expose que par suite et à l'occasion des journées des 31 mai, 1ᵉʳ et 2 juin (1793), Louis Leusse, son mari, fut dénoncé par les terroristes et buveurs de sang, condamné à mort et ses biens mis sous la main de la nation ; que les mêmes terroristes voulant priver la pétitionnaire de toute espèce de secours, imaginèrent de faire inscrire en dernier lieu ses trois garçons sur la liste supplémentaire des émigrés du département de l'Isère, ses trois fils ayant réclamé au district de

Vienne contre cette inscription, ils obtinrent de cette administration un arrêté favorable le 6 floréal dernier (25 avril 1795), qui a été adressé au Comité de législation pour recevoir sa sanction, et quoique d'un côté la Convention vienne d'ordonner que tous les biens des condamnés par suite et à l'occasion des journées susrelatées seront restitués à leurs héritiers, et que de l'autre, par l'arrêté pris par l'administration du district de Vienne, les fils de la pétitionnaire ne puissent pas être considérés comme émigrés, à moins que le Comité n'infirme cette décision, il n'en est pas moins vrai que tous les biens meubles et immeubles de la pétitionnaire, ainsi que ceux de son défunt mari, continuent à demeurer sous les scellés et séquestre, qu'on la menace de les faire vendre et qu'on veut l'obliger à se conformer à la loi du 9 floréal dernier (28 avril 1795), comme mère de fils présumés émigrés. En conséquence elle requiert qu'au bénéfice de l'arrêté favorable obtenu par ses fils et jusqu'à ce que le Comité ait prononcé sur la confiscation ou l'infirmation d'icelui, il soit sursis à toutes poursuites, visites, adjudications, partage et liquidation des biens meubles et immeubles de la pétitionnaire, ainsi que de ceux délaissés par Louis Leusse, et que tous scellés et séquestre mis sur iceux seront levés, à la charge par la pétitionnaire et ses enfants de ne pouvoir rien vendre, le tout à peine de nullité, à la charge encore de donner bonne et suffisante caution des objets mobiliers.

« Considérant que les fils de la pétitionnaire ont obtenu un arrêté favorable du district de Vienne, qui d'après l'article 35 du titre 3 de la loi du 25 brumaire dernier doit être exécuté provisoirement, nul doute que jusqu'à ce que le Comité ait prononcé définitivement sur le mérite de cet arrêté il doit être sursis à toutes poursuites et ventes ;

« Considérant que la mainlevée des scellés et séquestre sous cautionnement des effets mobiliers est aussi vivement sollicitée par l'intérêt même de la nation que par celui de la réclamante et de ses enfants, les frais du séquestre étant ruineux, la manutention des bien négligée et leur détérioration évidente, inconvénient que prévient toujours l'œil surveillant et intéressé du propriétaire,

« *Arrête* que jusqu'à ce que le Comité ait prononcé sur le mérite de l'arrêté pris par l'administration du Directoire du district de Vienne, département de l'Isère, le 6 floréal dernier (25 avril 1795), concernant les frères Leusse, fils à feu Louis, il sera sursis à toutes poursuites, ventes, adjudications, partage, liquidation tant des biens appartenant à la citoyenne Jeanne-Antoinette Laube que de ceux dépendant de l'hoirie de défunt Louis Leusse, son mari, à peine de nullité ;

« Arrête de plus que mainlevée de tout scellé et séquestre apposés sur les biens meubles et immeubles de ladite Jeanne-Antoinette Laube et de défunt Louis Leusse, son mari, demeure accordée.

« A l'effet de quoi expédition du présent arrêté sera transmise sans délai à tous les Directoires de district dans l'arrondissement desquels se trouvent situés les biens meubles et immeubles appartenant à la citoyenne Jeanne-Antoinette Laube et ceux provenant de l'hoirie de défunt Louis Leusse, son mari, et à la Commission des revenus nationaux pour qu'ils aient chacun d'eux, sous leur responsabilité personnelle, à s'y conformer sur la simple signification qui leur en sera faite.

« *Signé*, à la minute : Durand-Maillane, rapporteur ; Azéma, David, de Laube, Pons de Verdun, Duguet d'Assé. »

Avec le cachet du Comité de législation, section des émigrés, portant le bonnet phrygien et le triangle maçonnique.

On voit à la lecture de cet arrêté que l'esprit du temps changeait. Il était déjà permis de parler dans un arrêt de justice des buveurs de sang avec mépris.

Forte de ce jugement, Mᵐᵉ de Leusse en poursuivit l'exécution le 4 thermidor (22 juillet 1795) à Colombier, le 7 thermidor dans le canton de Villette-d'Anthon et le 18 fructidor (4 septembre 1795) à Meyzieu.

A Bron les choses ne marchèrent pas aussi facilement. Les habitants du pays, animés d'un esprit nettement révolutionnaire, n'avaient rien imaginé de mieux que de donner à bail, au nom de la nation, les propriétés de Mme de Leusse. Nous avons la pièce qui constate le fait pour le domaine de Montferrat :

« Nous maire, officiers municipaux de la commune de Bron, et les membres composant le conseil général de ladite commune, faisant droit sur la réquisition de l'agent national, ce jourd'hui 15 vendémiaire an III (6 octobre 1794) de la République une et indivisible, assemblés au temple de la Raison (l'église de Bron), à dix heures du matin, attendu que les enchérisseurs sont ici en nombre suffisant, avons fait faire lecture à haute voix de l'état des maisons et fonds de terre, etc... *ayant appartenu* à la veuve de Louis Leusse, qui seront affermés pour une année en exécution de l'arrêté de l'administration du district de Vienne du 19 thermidor (6 août 1794) dernier. Nous avons établi le citoyen Henri Callemard pour faire les criées. »

Suivent les adjudications terminées le lendemain.

> « *Signé* : Antoine GARNIER, *agent national provisoire de la commune de Bron;* GONNET, *officier municipal;* MATOND, *notable;* COURT, *notable;* GAYET, *officier;* BOUCHET, *maire;* GAYET, *secrétaire.* »

Cependant Mme de Leusse continuait ses démarches pour résister à de telles violences. Elle obtenait des administrateurs du district de Lyon, le

22 brumaire an IV (13 novembre 1795), un arrêté
déclarant que son mari avait été mal à propos prévenu d'émigration et que ses biens avaient été
séquestrés sans raison puisqu'il n'avait été inscrit
sur la liste des émigrés que trente-deux jours après
sa mort, qu'en conséquence son nom devait être
rayé de la liste et ses séquestres levés.

Quelques jours après, elle demandait aux mêmes
administrateurs du district de Lyon et obtenait
d'eux « la distraction du séquestre d'un grand
bureau à six tiroirs en bois de noyer, d'une malle
fermée et sans clefs, de deux sacs pleins de papiers,
de soixante chopines verre noir vides, trois draps,
quatre linges à barbe et une chemise d'homme, le
tout reconnu appartenir à la pétitionnaire et existant aux dépôts de l'administration, conformément
au procès-verbal de reconnaissance qui en a été
dressé par le citoyen Virieux, agent du district ».

Enfin elle poursuivait en nullité les baux faits
révolutionnairement à son préjudice et obtenait
cette ordonnance « du comité de législation, bureau
des émigrés », adressée aux administrateurs du district de la campagne de Lyon, département du
Rhône :

« La citoyenne Jeanne-Antoinette Laube, veuve
du citoyen Louis Leusse, citoyens, vient de nous
exposer qu'au préjudice de la loi du 18 prairial
dernier qui ordonne la restitution des biens des
condamnés depuis le 10 mars 1793 (v. st.) et de
l'arrêté pris par le comité de législation le 16 mes-

sidor dernier (4 juillet 1795), qui accorde mainlevée de tous les scellés et séquestre apposés sur les biens meubles et immeubles de cette citoyenne et de son défunt mari, les fermiers desdits immeubles, se prévalant de leurs baux, ne veulent point s'en dessaisir. Si cet exposé est vrai, nul doute que cette citoyenne ne soit fondée à s'adresser aux administrations locales pour faire rectifier et annuler des baux qui ne peuvent soutenir le regard de la loi et de l'arrêté précité, sauf les indemnités de droit. Vous voudrez bien, si cette citoyenne s'adresse à votre administration pour cet objet, prononcer de suite sur le mérite de sa demande afin que, sur l'envoi que vous en ferez au comité, il puisse statuer définitivement, vu que le moindre retard pourrait être très préjudiciable à la réclamante. Accusez-moi réception de la présente.

« Salut et fraternité.

« *Signé :* DUGUÉ D'ASSÉ ; ESCHASSÉRIAUX. »

(Sans date.)

D'autres mises en possession des biens séquestrés suivirent le 6 nivôse an IV (27 décembre 1795), le 19 floréal an V (8 mai 1797), pendant que les divers membres de la famille de Leusse poursuivaient d'autre part leur radiation de la liste des émigrés. Elle ne fut définitive pour tous que par délibération du Directoire exécutif du 17 prairial an VII (5 juin 1799).

Mais auparavant, et pendant que cette affaire s'instruisait, l'esprit public en France changeait, la réaction se faisait de plus en plus sentir contre tous les vols et tous les crimes de la Révolution. Les lois iniques portées pendant les plus mauvais jours furent les premières attaquées. Au commencement de l'an IV et par décret du 3 vendémiaire (25 septembre 1795), la Convention nationale rapporta tous les effets rétroactifs des lois relatives aux enfants naturels. Ce décret fut ensuite remplacé par la loi du 15 thermidor an IV (2 août 1796) qui rapporta aussi tous les effets rétroactifs quelconques et annula tous les actes qui avaient pour base ces effets rétroactifs. L'acte du 11 prairial an III (30 mai 1795) par lequel Mme de Leusse cédait aux prétentions de Valbe-Monteval et qui était suivi, le 9 août suivant, d'un accord entre celui-ci et M. François de Leusse, cet acte, dis-je, se trouvait incontestablement anéanti. Aussi, après de longues procédures, Mme de Leusse fit-elle assigner Valbe-Monteval, le 18 thermidor an XI (6 août 1803), devant le tribunal de Vienne, demandant que toutes les parties fussent remises au même état où elles étaient avant les lois révolutionnaires relatives aux enfants naturels. La plaignante fut déclarée non recevable et condamnée aux dépens. Monteval demanda même une somme de quinze mille livres de dommages et intérêts à Mme de Leusse et à M. Rondet, son avoué, conjointement, cherchant à appuyer sa cause sur les dires mêmes d'un des fils de sa partie adverse. A quoi on lui répondit :

« Monteval s'est présenté aux audiences comme ayant conservé des relations intimes avec les fils de Madame de Leusse et comme étant par conséquent irréprochable à leurs propres yeux ; il a même voulu mettre Madame de Leusse en contradiction avec un de ses fils et prouver qu'il avait été reconnu par eux digne de leur amitié et de leur estime. Dans cet objet il a fait lire une lettre à lui écrite par un des fils de Madame de Leusse en l'an XI (1803), dans laquelle Monsieur François de Leusse rétractait les propos antichrétiens qu'il avait tenus sur le compte de Monteval. Cette lettre n'était que l'expression des sentiments de piété de Monsieur de Leusse. L'offensé pardonne quelquefois, l'offenseur ne pardonne jamais. Si Monteval n'eût point fait usage de cette lettre contre Madame de Leusse, Monsieur de Leusse l'aurait laissé jouir du triste avantage d'avoir obtenu son pardon au nom de la religion. Mais lorsqu'il a appris que Monteval se faisait de sa lettre de l'an XI un moyen pour calomnier sa mère, il lui a écrit une lettre pour expliquer la première et il en a envoyé copie à sa mère. Monteval pourra bien ne pas parler de cette seconde lettre, mais Madame de Leusse doit la faire connaître comme étant l'explication donnée par son fils lui-même des véritables sentiments qui avaient dicté la première. Voici ces deux lettres, on sera

parfaitement en état de les apprécier en les rappro-
chant l'une de l'autre et on se convaincra que Monteval aurait mieux fait de ne pas provoquer ces
explications. »

Première lettre.

« Tupin, 30 septembre (l'année n'est pas
exprimée).

« Monsieur,

« Je vois avec satisfaction par le contenu de
votre lettre que les démarches que j'ai faites auprès
de vous ont rempli mon but, puisque vos expressions me prouvent que vous ne doutez pas des
sentiments que je vous ai exprimés.

« Ce propos antichrétien que je vous ai tenu
m'a souvent peiné ; je l'ai rétracté devant vous
seul ; si ce propos a pu vous nuire, je suis bien aise
que dans ce cas cette lettre puisse servir à en effa-
cer les impressions injustes.

« Recevez, Monsieur, etc.

« De Leusse. »

Seconde lettre, du même, écrite le 22 juin 1806.

« J'ai été douloureusement surpris, Monsieur,
d'apprendre que vous avez fait entrer dans votre
procès une lettre que je vous ai écrite il y a trois
ou quatre ans, et qu'on en abuse au point de pré-

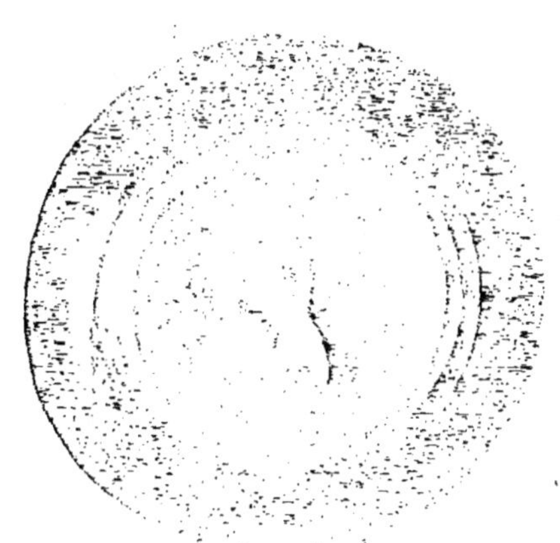

LE COMTE FRANÇOIS DE LEUSSE
marié à
Mlle JOSÉPHINE DE SIBEUD DE BEAUSEMBLANT

senter ma mère comme vous calomniant ; si vous eussiez instruit votre défenseur de ce qui s'est passé, il n'en eût pas fait cet usage ; cette lettre, qui n'était qu'une réponse à une que vous m'aviez écrite, n'exprimait d'autres sentiments que ceux que la religion me commande.

« Vous vous rappellerez, Monsieur, qu'étant avec vous et Monsieur Funereau[1], celui-ci dit, en m'adressant la parole, qu'il fallait oublier le passé. Je répondis que je ne vous pardonnerais jamais les maux que vous aviez faits à ma famille, déclaration que j'accompagnais de propos très durs.

« Oui, Monsieur, je me repentis et je me repentirai toujours de m'être laissé aller et d'avoir manifesté un sentiment antichrétien, si contraire à ma religion, dont un des préceptes les plus essentiels est de pardonner, et je me plais à vous le répéter, que je ne conserve contre vous ni haine ni ressentiment quelconque ; je vous dirai plus, j'ai pour vous les sentiments que la religion m'ordonne d'avoir ; mais je ne puis supporter que cette profession de foi soit devenue, dans vos mains, une arme pour calomnier ma mère. Je vous invite donc à imiter mon exemple et à reconnaître que vous avez eu tort de produire ma lettre et surtout de l'interpréter d'une manière aussi fausse. Je vous préviens aussi que pour éviter toute surprise nouvelle et rendre à la vérité l'hommage que

---

[1] Agent d'affaires employé par Mme de Leusse.

je lui dois, j'adresse aux défenseurs de ma mère copie de la présente lettre.

« Je suis, Monsieur, avec les sentiments que je viens d'exprimer, votre serviteur.

« De Leusse [1]. »

Pour repousser la demande de 15.000 livres de dommages et intérêts, Mme de Leusse, après avoir produit cette correspondance, rappela que Monteval avait été deux fois le dénonciateur des siens, en dernier lieu lorsqu'ils avaient été inscrits sur la liste des émigrés, et la première fois dans l'acte du 4 septembre 1792, dénonciation faite ainsi à l'époque la plus sanglante de la Révolution, qui fut bien le propre ouvrage de Monteval, car elle est entièrement écrite de sa main, et il connaissait sans doute la portée de ses actes étant alors âgé de plus de vingt-cinq ans. Elle ajouta que l'intervention de M. de Rachais [2] dans le traité avec Monteval, intervention invoquée par celui-ci comme

---

[1] Lettre du comte François de Leusse, marié à Mlle de Beausemblant.

[2] Antoine-Étienne marquis de Rachais, lieutenant en premier aux gardes françaises, héritier de Claude de Portes d'Ambérieu, qui fut le tuteur du marquis de Leusse, d'où la liaison des deux familles. M. de Rachais épousa, le 17 août 1783, Catherine-Henriette de Dreux-Brézé, fille du marquis de Dreux-Brézé, grand maître des cérémonies de France. M. de Rachais décéda sans enfants en 1814, testant en faveur de son neveu le marquis de Vaulserre.

une preuve de sa loyauté, ne prouve que l'empressement de M. de Rachais à rassurer les fils de Mme de Leusse, en imposant de durs sacrifices à leur mère en faveur d'un homme qui les exigeait la menace à la bouche et que la famille regardait à juste titre comme très dangereux.

Je n'ai point trouvé le texte du jugement relatif aux 15.000 livres de dommages et intérêts réclamés par Valbe-Monteval. Je crois que celui-ci fut débouté de cette demande, mais le tribunal lui attribua la propriété des Peyssonnaux. Du reste, le procès avait changé de face et les procédés de Monteval, d'une affaire d'intérêt, avaient fait une affaire d'honneur, c'est ce qui amena la marquise de Leusse à lire à la barre du tribunal la belle protestation suivante :

Jeanne-Antoinette de Laube, veuve de Leusse
à ses juges.

« Lorsque je me suis rendue à Grenoble pour le jugement du procès que j'ai avec le sieur Monteval, par-devant la Cour d'appel [1], je croyais qu'il n'y avait qu'une affaire d'intérêt à discuter. J'avais pour conseils et pour défenseurs des jurisconsultes éclairés et zélés pour leurs clients; mon rôle était d'attendre en silence l'arrêt qui devait prononcer sur la contestation.

---

[1] Bernard, avocat ; Nugues, avoué. Juges : Réal, président ; Die, Delessau, Duport, Meyer, Perrotin, Marion, Moustier.

« Mais, de cette affaire d'intérêt, mon adversaire m'en fait aujourd'hui une capitale : il m'accuse de manquer à l'honneur ; il me traduit au tribunal de l'opinion publique comme ayant manqué à mà parole ; il m'accuse de ne m'occuper qu'à le calomnier et de le poursuivre dans mon orgueil insensé jusque dans les bras de la justice. Il dit aux audiences que je propose une infraction honteuse pour moi de mes engagements au mépris de toutes les bienséances. Mon avocat a répondu à ces inculpations mieux que je ne le ferai sans doute. Néanmoins, blessée dans la partie la plus sensible, mère de famille, devant à mes enfants de bons exemples, me devant à moi-même le soin de ma réputation, j'ai cru qu'il n'était pas hors de propos d'exposer ma conduite et ce qui m'est personnel dans cette affaire. Je n'abuserai pas des moments du tribunal respectable qui doit prononcer.

« Les faits du procès sont connus : il a été fait un traité avec le sieur Monteval, sous la qualité de fils naturel de mon frère; ce traité par lequel j'ai abandonné des immeubles considérables fut ménagé par des amis et ensuite signé par un procureur fondé *qui de son seul mouvement* en promit l'observation sur l'honneur [1].

---

[1] *Texte de la procuration donnée à M. Guillermin.*

« Je, soussignée, donne pouvoir au citoyen Guillermin, maire de Vienne, de pour et en mon nom traiter, transiger avec le citoyen Valbe-Monteval, sur toutes les difficultés que

« On a renoncé pour moi au bénéfice de toutes les lois qui pourraient être rendues et qui dérogeraient à celles pour lors existantes ; et malgré cette parole qu'on a donnée pour moi, malgré ces renonciations solennelles, je réclame contre les cessions que j'ai faites.

« Voilà l'accusation. Voici ma réponse :

« Le règne de Robespierre venait à peine de finir ; mon mari, le plus doux des hommes, je puis le dire, l'un des plus vertueux, réduit par le délabrement de sa santé à vivre dans la retraite la plus profonde, étranger à toutes les affaires politiques, n'avait pas moins été victime de la tyrannie ; moi-même, poursuivie avec plus d'acharnement encore, j'avais été obligée de fuir et de me cacher pour me soustraire au sort qui m'était bien sûrement réservé. Au moment où je pus reparaître, je trouvais une partie de mon patrimoine sous le séquestre national, et l'autre partie envahie par le sieur Monteval, pour ses prétentions dans la qualité de fils naturel de mon frère.

nous avons ensemble, et ce aux prix, clauses et conditions qu'il avisera, promettant de le relever et garantir des charges de la présente.

« Fait à Lyon, le 2 prairial an III (21 mai 1795).

« DE LAUBE DE LEUSSE. »

(Mme de Leusse habitait à Lyon à cette époque, 203, place de la Charité, et son domicile à Grenoble, pendant le procès, était chez Mme veuve Lambert, rue Neuve.)

« Depuis déjà longtemps à cette époque, le sieur Monteval était devenu mon ennemi déclaré et celui de ma famille.

« Mon mari, confiant à l'excès, après lui avoir donné sa procuration pour gérer ses affaires, se vit obligé de la lui retirer, et même d'en venir avec lui à des voies de rigueur pour se faire rendre justice. Le sieur Monteval, irrité, ne craignit pas de dénoncer mes fils comme émigrés ; et dans quel temps ? au mois de septembre 1792....., et cela bien qu'ils fussent à Lyon comme des jeunes gens très répandus dans le monde.

« Je ne rappelle point le fait par aucun mouvement d'animosité ni de haine ; grâces au ciel ce sentiment me fut toujours inconnu. Mais il m'importe qu'on sache que je craignais le sieur Monteval et que j'avais raison de le craindre..... Je ne parle, au reste, que sur des pièces qui ont été mises sous les yeux de nos juges....., et quand dans la suite on l'a vu provoquer contre moi personnellement, avec des expressions qui me coûteraient trop à transcrire, toutes les rigueurs qu'on exerçait dans ce moment contre les proscrits et ceux qui étaient prévenus d'émigration, si, connaissant déjà le caractère du sieur Monteval, je l'ai redouté en l'an III, à l'époque du traité, je le demande, était-ce une vaine frayeur ? Si mes enfants craignaient pour moi ? Si je craignais pour mes enfants ? N'est-ce pas le sieur Monteval, n'est-ce pas sa conduite envers nous qui en a été cause ? Mes trois fils venaient d'être dénoncés et inscrits sur la liste des émigrés, quoiqu'ils fussent à Lyon.

« On crut donc alors, je crus aussi moi-même, qu'il fallait se rédimer à tout prix de ses vexations ; qu'il fallait désintéresser le sieur Monteval. On me faisait même envisager que j'obtiendrais la levée du séquestre si je finissais avec lui..... On pouvait à tout moment retomber dans l'épouvantable anarchie dont on ne faisait que de sortir ; le sieur Monteval menaçait de vendre ce dont il était en possession ; dans cette extrémité je n'avais pas à balancer....., on traita et par ce traité on consentit tous les sacrifices qu'il exigea.

« Et quels motifs, en effet, autre que celui de la crainte la plus grave aurait pu m'engager à signer un tel traité où j'abandonnais, à celui qui se disait le fils naturel de mon frère, tout le patrimoine de mon père décédé *ab intestat*, et dont il me revenait la moitié ?

« Mon père n'avait pour tout bien, en effet, que cet immeuble des Peyssonnaux, et encore il était grevé des reprises de ma mère et des dettes personnelles de mon père, qui sont restées à ma charge, sans compter encore que mon frère m'avait donné dix mille livres par mon contrat de mariage. Le sieur Monteval, qui n'a pas d'enfants, aurait donc, au préjudice des miens, tout l'actif de la succession de mon père, dont il me revenait la moitié, et il me laissera tout le passif, car ce que je possède d'ailleurs, je le tiens du chef de mon aïeul,

« Ainsi, quand le sieur Monteval aurait été reconnu par mon frère pour son enfant naturel, quand il aurait été héritier de tout son bien, il n'aurait jamais eu la moitié de ce que j'ai été obligé de lui abandonner par ce traité.

« Un tel traité n'est-il donc pas la preuve la plus forte de la contrainte qu'on exerçait envers moi ?

« Maintenant, je le demande, où en serait-on si des promesses extorquées en de telles conjonctures étaient obligatoires ? Où en serait-on si une parole d'honneur, exigée dans de telles circonstances, devait être regardée comme une parole sacrée ? Celui qui exerce la violence ne manquerait jamais d'exiger cette expression de parole d'honneur de celui qu'il croit jaloux de la tenir. Aurai-je donc manqué à cet honneur quand j'ai voulu, après de telles situations, et lors surtout que je n'avais point donné mandat à mon procureur fondé d'engager mon honneur, me prévaloir des lois qui sont venues au secours des familles opprimées contre l'envahissement des enfants illégitimes ? Et quand je dis que j'ai voulu m'en prévaloir, qu'il me soit permis d'observer avec quel ménagement je m'y suis portée. J'ai fait proposer d'abord au sieur Monteval un arrangement, bien persuadée pourtant, d'après mes conseils, que je ne lui devais rien. Mais, j'ai cru que, sans m'en tenir au droit rigoureux, il fallait dégager en quelque sorte, par quelque sacrifice pécuniaire, une parole qu'on avait donnée pour moi et sans mon aveu. Et j'ai fait une première proposition pour amener un accommodement. Aujourd'hui, au hasard des inductions qu'on pourra tirer, je rends compte de mes actions et de mes intentions ; j'ajoute seulement, parce que c'est la vérité, que je n'ai constamment voulu mettre en arbitrage que la question de la validité ou de l'invalidité du traité.

« Les voies de conciliation n'ont pas réussi ; j'ai invoqué les lois. Cette conduite, je le demande encore, respire-t-elle la haine et l'emportement ?

« D'après cet exposé de ma conduite dans cette affaire, qu'on juge si elle est indigne d'une mère de famille qui, bien plus encore que son patrimoine, veut laisser à ses enfants l'honneur, le plus précieux héritage de leur père.

« De Laube de Leusse. »

La cause de Mme de Leusse était perdue d'avance devant des juges encore imbus des idées et des passions révolutionnaires, mais les vibrantes paroles prononcées par elle devaient frapper les esprits non infectés de sectarisme et fixer leurs sentiments. Le procès fut gagné devant l'opinion qui seule importait ; l'honneur resta sauf : c'était l'essentiel.

Revenue chez elle, la marquise de Leusse vécut à Bron jusqu'à l'époque de sa mort, arrivée en 1831, entourée de la vénération et de la tendresse des siens. Cette femme si éprouvée, cette mère de huit enfants, qui survécut à beaucoup d'entre eux, fut une aïeule incomparable ; elle a laissé sous ce rapport une trace ineffaçable dans sa famille. Ses petits-enfants parlaient de Mme de Leusse souvent ; ils n'en parlaient jamais qu'en termes attendris, cris jaillis de cœurs pleins de respect et d'amour pour elle. Qui laisse de tels souvenirs a su bien remplir sa tâche et employer dignement son intelligence et son cœur à l'accomplissement de ses devoirs d'état. C'est le plus bel et le plus solide éloge à faire d'une femme. Nulle ne l'a mieux mérité que Mme de Leusse : même en dehors du cercle étroit de son intimité, la voix publique le lui décernait, la considérant comme la grand'mère modèle et lui en donnant le titre. J'en trouve un témoignage dans une lettre de la comtesse de Vallier, née de Montcla, qui, n'étant que bien indirectement sa parente, écrivait à son sujet, le 27 août 1827, à un de ses cousins de Leusse : « Mon attachement pour ma famille sera toujours le même et les petits-fils de cette bonne grand'mère, si parfaite pour moi, auront toujours — je le sens au fond du cœur — un attrait de plus, une place de préférence. » La marquise de Leusse avait su si bien se concilier l'estime et l'affection de ceux qui l'approchaient que, l'admirant surtout dans son rôle d'aïeule, ils accueillaient avec une faveur particulière ses petits-fils pour l'amour d'elle.

SUPPLÉMENT

Alliances du marquis de Leusse.

Par sa mère, Catherine de Chabons, fille de Marianne de Sibeud et de Joseph de Chabons, grand baillif du Dyois, Louis était neveu de Catherine de Sibeud, mariée au marquis de Bayanne, d'Armand de Sibeud, marié à Mlle du Plan de Sieyes ; il était le petit-neveu de Mmes de Maniquet, de la Baume, de Flocard ; il était le cousin issu de germain du marquis et du cardinal de Bayanne, de Mme de Revel, née Sibeud, d'Armand de Sibeud dont la femme Madeleine de Chabons était déjà sa cousine germaine ; il était le cousin germain du comte de Chabons, député aux États Généraux, marié à Madeleine-Françoise de Vidaux, dont les sœurs étaient Mmes de Rivérieux de Varax, de Ponnat, de Sautereau, dont le frère était Jean-Jacques de Vidaux, premier président au Parlement de Grenoble, avec lesquels on cousinait, sans véritable parenté, par les Chabons du moins.

Louis était le neveu de la marquise de Langon, née Chabons, mariée en premières noces au conseiller de Corbeau de Vaulxserre ; le neveu de Mme Aymar de Marnays-Beauvais, née Chabons ; le neveu du comte de Chabons, procureur général au Parlement de Grenoble, marié à Mlle Marie Bucher de Saint-Guillaume. Il était le cousin germain du marquis de Langon, député de la Noblesse en 1788, marié à Mlle de Prunier de Saint-André ; le cousin germain de François de Marnays, marié à Françoise de Ferrus des Achards de Sainte-Colombe, qui se remaria à M. de Baronnat ; le cousin germain de Claudine de Chabons, mariée au marquis de Baronnat, fils de Mlle de Ferrus des Achards de Sainte-Colombe ; le cousin germain de Mgr de Chabons, évêque d'Amiens, aumônier de Madame ; le cousin germain de Mme de Chabons, abbesse de Saint-Antoine ; l'oncle à la mode de Bretagne de Mmes de la Valette, de Gautheron, de Marnays, de Ponnat, du comte de Chabons, marié à Mlle de Quinsonas.

Par sa femme Louis devint le neveu de Claude de Lisle de Boulieu, marié à Claire de Laube ; le neveu d'Alexandre de Revillasc de Colonne, seigneur d'Asieu et de Genas, époux de Nicole de Laube ; il devint le cousin germain de la fille de ceux-ci, Nicole de Revillasc de Colonne, mariée à Scipion Guillet de Moidière. C'est de là que vient notre parenté et notre intime liaison avec Moidière, Murat, Dugon. Il devint le petit-fils de Mme de

Laube, née de Menon de Ville, fille elle-même de Joseph de Menon et de Claude de la Poype. Celle-ci était fille d'Henri de la Poype, comte de Serrières, et de Marie de Prunier Saint-André. Henri de la Poype avait une sœur, nommée Marguerite, mariée à Claude de Grattet, seigneur de Dolomieu, dont le frère fut président au Parlement de Dauphiné. De là vient la parenté de Laube et Leusse avec du Bouchage. Louis fut encore, par son mariage, le neveu de M. de Menon, marié à Amélie de Suffren, petite-nièce de l'illustre bailli de Suffren ; il fut le cousin issu de germain d'Alfred de Menon, marié à Mlle de Leyssac ; le cousin de Claude de la Poype, marié à Mlle de Loriol ; le cousin de Marc de la Poype, marié à Mlle de Vallin, de qui vinrent Gabriel de la Poype, mort sans postérité, et les chanoinesses Alexandrine, Éléonore, Fanny et Adélaïde de la Poype ; enfin il fut le cousin du général de la Poype, devenu dans la suite député de l'Isère et mort en 1850, à 95 ans, laissant de sa femme Jeanne-Thérèse Fréron, fille du journaliste de ce nom et nièce du représentant du peuple, une fille nommée Agathe, mariée au baron Paulze d'Ivoy, préfet du Rhône.

Par son mariage, Louis devenait encore l'allié de la famille de Meffray, le parent proche des Beaumont d'Autichamp, Jean de Laube, aïeul de sa femme, ayant épousé Hélène de Beaumont. Par les Fleutelot il était apparenté aux Frémiot et à

Sainte-Françoise de Chantal. Par les Menon et les La Poype Jeanne-Antoinette de Laube descendait des comtes de Disimieu, alliés aux Budos, aux Montmorency, aux Clermont-Montoison, aux Porcellet, aux Grignan, aux Joyeuse, aux Saint-Simon. Les alliances plus proches de la famille de Laube avaient été contractées avec les Pessonnel et les des François.

Les alliances de Louis, du côté paternel, comme elles ont été établies au chapitre précédent, relatif à Louis III, étaient avec les familles de Loras, de Saint-Point, de Rosset de la Martellière, d'Argoud, de Pélisson, de Corbeau de Vaulserre, d'Alleman de Montmartin, de Portes d'Amblérieu, de Guérin.

Notice généalogique sur la famille de Laube.

Venu de Normandie, Louis de Laube, marié à Radegonde de Rouvet, vivait à Paris dans sa maison, rue du Figuier : elle fut dévastée et brûlée par les protestants au cours du XVIe siècle. Le fils de Louis, Gaspard de Laube, ancêtre direct de la marquise de Leusse, fut un des cent gentils-hommes de la maison du roi Henri IV. Prisonnier de la Ligue, il n'obtint sa liberté qu'au prix de deux cents écus d'or. Pour le récompenser de ses services et le dédommager de ses pertes, Henri IV lui fit don, en 1590 et 1592, de plusieurs domaines, lui assura des rentes annuelles et héréditaires qui continuèrent à être payées à ses descendants jusqu'au XVIIIe siècle. Les titres en existent encore dans les archives de la famille de Leusse au château de Colombier.

Gaspard de Laube eut entre autres enfants, de sa femme Catherine de la Porte, Catherine, mariée à Scipion de Montquin, seigneur de Foussan, dont l'arrière-petite-fille épousa François de Leyssins, baron de Domeyssin, d'où la parenté de Laube et

de Leusse avec Leyssins, puis ensuite avec Meffray
par le mariage de Jeanne-Thérèse de Leyssins
avec François-Joseph de Meffray de Cézarges. Le
château de Montquin, qui fait maintenant partie de
la terre de Cézarges, est situé en face du château
de ce nom, propriété patrimoniale des comtes
de Meffray. Jean-Jacques Rousseau y a résidé lors
de son séjour aux environs de Bourgoin.

Gaspard de Laube eut encore, de Clémense de la
Porte, Jean de Laube, seigneur de Bron, Saint-
Trivier, co-seigneur de la Motte. Sur l'emplace-
ment du vieux manoir de ce nom, dans lequel
coucha Marie de Médicis la veille de son entrée à
Lyon et de son mariage avec Henri IV, s'élève
maintenant le fort de la Motte. Jean de Laube
épousa Hélène de Beaumont d'Autichamp, de la
famille d'Amblard de Beaumont, chancelier d'Humbert II, dernier dauphin de la maison de la Tour
du Pin, et aussi de la même famille que le trop
fameux baron des Adrets. Ils eurent, entre autres
enfants, Barbe-Laurence de Laube, mariée à Guillaume de Revol, d'où la parenté de Laube et Leusse
avec Revol.

Les substitutions de la maison de Laube portèrent les biens de cette famille à Philibert-Hubert
de Laube qui épousa Marie de Fleutelot, fille de
messire André de Fleutelot, seigneur de Bé-
neuvre, conseiller au Parlement de Bourgogne, et
d'Anne de Régnier de Sidvei. Par Fleutelot,
Laube descend, m'a-t-on dit, du président Fré-

miot, le père de Sainte-Françoise de Chantal. Philibert-Hubert et Marie de Fleutelot eurent pour fils André-Emmanuel et Antoine-Joseph de Laube. Celui-ci, chevalier de Malte, fit ses caravanes en 1703, devint commandeur de Fortebelle ; il est l'historiographe de sa famille. C'est de ses travaux qu'est tirée la notice généalogique à laquelle j'emprunte ces détails. Philibert-Hubert mourut vers 1715 et son fils, le commandeur, vers 1760.

André-Emmanuel de Laube, baron de Corcelle, en Bourgogne, seigneur de Bron, en Dauphiné, etc..., épousa à 25 ans, au château de Ville, en 1711, Anne-Gabrielle de Menon, d'une vieille maison dauphinoise ; elle était fille de Joseph de Menon, seigneur de Ville et d'Armassière, colonel d'infanterie, et de Claude de la Poype, de l'illustre maison de ce nom. Par La Poype, Menon descendait des comtes de Disimieu, alliés aux Budos, aux Montmorency, aux Clermont-Montoison, aux Porcellet, aux Grignan, aux Joyeuse, aux Saint-Simon, par où venait à La Poype et à tout ce qui en était issu quelques gouttes du sang de Charlemagne. !!

Nous avons dans nos archives l'extrait des registres curiaux de la paroisse de Saint-Savin, diocèse de Vienne, donnant l'acte de baptême de Gabrielle de Menon, dans la forme suivante :

« L'an 1689 et le 28 novembre, a été baptisée Anne-Gabrielle, fille de noble Joseph Demenon

Darmassière [1], seigneur de la maison forte de Ville, et de dame Claudine de la Poype, mariés ; a été parrain noble messire Abel de la Poype de Serrières, chanoine sacristain de l'église de Saint-Pierre de Vienne, et dame Anne Allemand, marraine.

> « *Signé :* le chanoine de Serrières, Anne Allemand, Saint-André, Buffevent de Ville, de Loras, de l'Épine, Cordier, *curé.* »

Nous avons aussi l'extrait de l'acte de mariage de Gabrielle de Menon avec André-Emmanuel de Laube, en voici le texte :

« Le 29 juin 1711, messire André-Emmanuel de Laube, chevalier, fils naturel et légitime de messire Philibert-Hubert de Laube, chevalier, baron de Corcel, seigneur de Chavanne, Denys le Roy et Bron, et de dame Marie de Fleutelot, d'une part, et demoiselle Anne-Gabrielle de Menon, fille naturelle et légitime de feu messire Joseph de Menon, seigneur de Ville, et de feue dame Claudine de la Poype Serrière, d'autre, ont reçu la bénédiction nuptiale, les proclamations de promesse de mariage étant faites par trois différentes fêtes ou dimanches aux prières de la messe paroissiale à Saint-Savin, sans avoir pu découvrir aucun empêchement cano-

---

[1] De Menon, sieur d'Armassière.

nique ou civil, et après avoir reçu les remises de Messieurs les curés de Saint-André-le-Haut de Vienne et de Bron, diocèse de Lyon.

« Présents Jacques Doncin et Claude Bonnain.

« Serre, curé. »

André-Emmanuel de Laube et Gabrielle de Menon eurent un fils, Pierre-Joseph, mort au service dès sa deuxième campagne, à l'âge de 18 ans, dans le régiment Commissaire-Général, et inhumé en l'église collégiale de Carignan où un monument lui fut élevé[1]. Ils eurent aussi deux filles : Nicole, qui épousa M. de Réveillasc-Colonne, seigneur de Genas et d'Asieu, et Marie, qui épousa Jean-Henri de Laube de Saint-Jean, son cousin, sur la tête duquel les substitutions de sa maison portaient la fortune des Laube ; il descendait, comme sa femme, de Gaspard de Laube, ancêtre commun, et de Marie de Rossillon. Voici comment :

Henri, fils de Gaspard, avait épousé en 1661 Claire de Pessonnel, ce qui fixa sa branche à Maclas, en Vivarais. D'eux descendit André de Laube, seigneur de Saint-Jean, qui épousa Claudine des François ; d'où naquirent Marguerite-Claire, mariée à Claude de Lisle, seigneur de Boulieu, et Jean-Henri de Laube, qui épousa, comme

---

[1] Correspondance avec le curé de Carignan, aux archives de Colombier.

je viens de le dire, à 22 ans, sa cousine Marie de Laube, le 18 novembre 1739, au château de Bron. Marie n'avait quitté cette habitation que pendant le cours de son éducation faite à Crémieux chez les dames de Sainte-Marie. Jean-Henri de Laube mourut à Cluny en 1747, âgé de 30 ans, laissant de sa veuve un fils né en 1740, André-Emmanuel II de Laube, et une fille nommée Jeanne-Antoinette, née en 1744. Ce fut celle-ci qui épousa, le 1er juin 1765, Louis IV de Leusse. Par la mort de son frère elle hérita de tous les biens de sa famille et en elle s'éteignit la maison de Laube.

Liste des chanoinesses
et des aspirantes chanoinesses de Malte,
établies à l'Abbaye de Saint-Antoine
en Viennois (1789).

MM^mes de l'Aage, Achard de la Haye, Acier des Brosses, Adoué de Sailhac, d'Agoult, d'Albertas, d'Alençon, d'Allegret, d'Allonville, d'Ambly, d'Ambly de Montlezun, d'Andelarre, d'Arces, d'Arimont, d'Assier des Brosses, d'Aubery, d'Aurai de Saint-Poix, Autier de Villemonté, d'Avessens, Aymer, de Balathier-Lantage, de Banans, de Banaston, de Barandin, de Baraudier-Montmayeur, de Barbarin, Bardouillat de la Salvanye, de Barrol d'Arrène, de Barthon de Montbas, de la Baume de Suze, de Beaumont, de Bectoz, Bégon de la Rouzière, de Béjarry, de Bélissans, de Bellegarde des Marches, de Bellerose, de la Béraudière, de Bergerion, de Bertrand, de Bismont de Prunelli, de Bisseret de Bodet, de Boici, de Boislinars, de Boniface, de Bonnans, de Bonnay, de Bonneval, de Bonvoust, de Borgne de la Pommeraye, de Bosredon de Vatanges, Le Boucher de Martigny, du

Bourg, de Boutries, de Bouvet, Marianne-Sophie de Bovet, de Breteuil, de Brette de Lamotte, de Brettes, de Brie de Saumanias, de Brison, de Brous, de Brumont de Melfort, de Brunet, de Bruneteau de Sainte-Susanne, du Buat, de Caron de Ville, Cantineau de Comane, de Capré de Mégire, de Capriol, de Carbonnières, de Caulincourt, de Caumel, de Chabot, de Chabrières de Charme, de Chalus-Prondines, de Chalvex de Rochemontaix, de Chambrai, de Champagni de Nomper, de Chaponay Saint-Bonnet, de la Chapelle de Jumilhac, de la Chassaigne de Serret, de Chateaubaudau, de Chateigner de Bergeriou, de Chatenay, de Chauveron, de Choiseuil-Meuse, de Clermont Mont-Saint-Jean, de Clermont, de Cleroy, du Clos de l'Étoile, de Combarel de Gibanel, Coppin de Miribel, de Corbeau, Le Cordier de Varaville, de Coriolis, de Corn, de Corn-Caissac, de Costa, de Couché de Lusignan, de Courson, de Courtelle d'Escaguelongue, de Courthile de Giat, de Courthile Saint-Avit, de Courtis, de Cousin de Lavalière, de la Croix, de la Cropte de Boursac, de Croutel de Craqueloudes, de Cugnac, de Curières, de Divonne, de Dolomieu, de Domballe, de Dortan, Douhet d'Auxerre, de Dreuil, de Drumont de Melfort, Le Duc, Duri, Dyvolet de la Roche, d'Émery, de l'Épine, d'Espagne, d'Estresses, de la Falce-Fontcourbe, de la Fare, de Ferré, de Ferré de la Jarodie, de Ferré de Sermonières, de Ferré du Perroux, de Ferrette, de Flotte, de Foix, de la

Fontanelle, de Fontenilhes, de la Forest, de Forget,
de Fornette, de Foucault, de Foudras, de Fraix
de Vernex, Le François des Courtis, de Freslon,
de Gain de Linars, Madeleine-Françoise de Galien
de Chabons, des Garets, Garnier de Bois-Groslier,
de Garnier de Fontblanche, de Gavaret, de Gené-
tine, Geofre de Chabrignac, de la Gilette, de
Goudin de Pauliac, de Gournay de Villedon, de
Gramont, de la Grange-Gourdan, du Grés, de
Grignan, de Grivel, Le Groin de Fontnoble, de
Gruel-Montferrat, de Guérin de Courville, de Guignard de Saint-Priest, d'Harté de Hurtevent,
Hautier, Hautier de Barmonté, d'Hautpoul,
d'Hautpoul de Salette, d'Hautpour-Serre, des
Hayes de Forval, Herrery Ponte de Nieul, d'Hono-
rati, L'Hoste de Beaulieu, Hubet de Valadon, de
Jean de Jovette, du Jonc, de Joubert, de Jourlan,
de Jumilhac, de Jumillac, Keating, Kmalec, de
Laas, de Laqueuille, de Laizer, de Lamanou, de
Langon, de Lanthonie, Lantivi de Kveno, de Lau-
rens de Rairac, du Lau de Latulle, de Leaumont,
Hélène-Félicité-Catherine, Marie-Adélaïde, Marie-
Élisabeth, Marie-Sophie de Leusse, de Leyssin,
de Lidyer de Curet, de Linières, de Liniers, de
Lohenc de la Vachellerie, de Lambellon des Essarts,
de Loras, de la Loubière, de Louverval, de
Loyat de la Vachelerie, de Lustrac, de Lusy-
Cousan, de Lyvonne, de Madières, de May de
Termont, de Maillet, de Malette, de Malyvert, de
la Manon d'Albe, de Manuel, de Maquerel, de

Martimprey, de Massol, de Matharel, de Meaupou, de Maussabré, de Manteon de Savaillant, de Menon, de Méri de la Camorgue, de Mesnil-Simon, de Miribel, de Monclas, de Montaignac-Chauvence, de Montarby, Marie-Josephe de Montchenu-Thodure, de Montfaulcon, de Montlezun, de Mont-morin, de Montrond, de Morel de Lacombe, de Moustiers, de Moysen, de Mun, de Murat, de Neyrieu, de Nogerée, Noïer du Roure, de Nollet, de Nollet de Laipaut, de Noyer du Roule, de Noyer de Sauvage du Roure, d'Oradour, d'Ordaigne, d'Orillac, d'Ormezan, de Paolo, du Parc, de Paule, de Perrier, de Perrins, de Perrotin de Bellegarde, de Pestel, du Peyron, du Pin de Saint-Barban, de Pingon, de Piolenc, de Planchette, de Plan-chette de Piégon, de Planelli de la Valette, des Plars, de Pleurre, du Poët, de la Pomelie, Pont-Dessieul, de la Porte, de la Porte-Veisin, de Portes, de Pourroy de Lauberivière de Quinsonaz, de Ponte, du Pui de Montbrun, du Puy de Saint-Vincent, de Quenivelec, Ragon, de Raity de Vitré, de Raousset-Seillon, de Rechigne-Voisin de Guron, de Regrat, du Repaire de la Croix, de Reynaud, de Rigaud de Serresin, Ripert de Barret, de la Rivière, de Robert, de la Roche du Maine, de la Roche-Flotte, de la Roche de Fontenil, de Roc-quard, de Roquefeuil, de Rossignac, de Rostaing, de Rostaing de Valence, de Rostaing de Vauchette, de Rothe, de Roux, Le Roy d'Allarde, de Rozières, de Sailli, de Saint-Astier, de Saint-Aulaire, de

Saint-Chamans, de Saint-Légier, de Saint-Poix,
de Sainte-Colombe du Poyet, de Sainte-Terre,
de la Salle, Sara Keating, de Salmon de Cour-
temblay, de Sarrebourse, de Sarrasin-Laval, de
Sartour, de Savari, de Sédières-Lentilhac, Seguin
de Parris, de Seray, de Serey, de Seyssel de
Satono, Marie-Henriette-Thérèse-Joséphine de
Sibut de Beausemblant, de Signier, de Serby,
de Solages, de Spens de Lanesc, de Sures, de
Susei, de Suze, de Tafanel de la Jonquières de
Portes, de Tarragon, de Tessières, de Texier de
Bois-Bertrand, de Tézard, de la Tour-Landot, de
la Tourette d'Ambert, de Tournon, de Tourvillec,
de Toustain, de Toustain de Richebourg, de
Tressan, de Tressens de Montbasin, de Trion, de
Turpin, d'Uzech, de Valadon, de Varax, de Varax
de Chatel, de Vassal, de Vassal de Bellegarde, de
Verdonnet, de Vergennes, du Verne, de Vernet,
de Vèze, de Viennois, de Villemort, de Villemonté,
de Villume, de Villedon, de la Villette, de Virieu,
du Vivier de Lansac.

Certificat de résidence pour la marquise de Leusse.

COMMUNE CHALIER, CI-DEVANT LA CROIX-ROUSSE,
CANTON DU DISTRICT DE VILLE-AFFRANCHIE.

« Délivré sur l'attestation des citoyens Antoine Lafay, tailleur ; Jean-Baptiste Gros, vinaigrier ; Antoine Masson, affaneur ; Benoît Dru père, tailleur ; Pierre-Laurent Richard, charpentier ; Claude Cochet, cabaretier ; Jacques Berthet, jardinier ; à la citoyenne Laube, veuve Leusse, originaire de Bron, district de Vienne, département de l'Isère. Certificat de résidence à la Commune Chalier, ci-devant Croix-Rousse, maison appartenant au citoyen Jean-Baptiste Burel, depuis le 10 janvier 1794 jusqu'à ce jour 15 nivôse an III (4 janvier 1795).

« *Signé* par les témoins et à la suite par les officiers municipaux du lieu : ESCALLE, MERCIER, MOIRU, MARTIN, COIGNET, MOUTIÉ ; des GRANGES, *agent national*.

« Visé au Directoire de Lyon, le 29 nivôse an III (18 janvier 1795).

« *Signé* : CHARTON, BOUVIÉ, LANCE, REVERONY, BRIDANT, MICHARD. »

(Archives de Colombier.)

COMITÉ RÉVOLUTIONNAIRE DU DISTRICT DE LYON, SÉANT DANS LADITE COMMUNE, DÉPARTEMENT DU RHONE.

Certificat de non-rébellion pour Antoinette Laube, veuve Leusse.

« A Lyon, le 14 nivôse an III (3 janvier 1795).

« *Signé* par les membres du Comité de surveillance révolutionnaire : MEILLAN, MARTIN, BOCHAGE, BAGNION, CARMAIGNAC, COMTE. »

(Archives de Colombier.)

Portes d'Amblérieu.

Claude de Portes d'Amblérieu, conseiller au Parlement de Grenoble, légataire de Louis III de Leusse, tuteur honoraire de Louis IV, était le parent de Guillaume de Portes, président du Sénat de Savoie, qui succéda en cette charge au président de Pellisson au cours du xvi° siècle. Il était le neveu de Pierre de Portes, conseiller du roi, marié à Françoise Mignot qui, douée d'une remarquable beauté, épousa ensuite le maréchal de l'Hôpital, puis enfin Jean Casimir, roi de Pologne, par un mariage secret, au château de Bène, près de Versailles, le 14 décembre 1672 ; il était le fils de Pierre de Portes et de Catherine de Falcoz de Malleval, fille de François de Falcoz et d'Étiennette de Guérin. Il pouvait être parent par cette dame de Louis III de Leusse qui descendait lui-même d'une Guérin. Claude de Portes épousa, en 1723, Françoise de la Croix de Pisançon et décéda sans postérité, dernier de son nom.

DOSSIER DES ARCHIVES DU RHONE

RELATIF AU MARQUIS DE LEUSSE INSCRIT
SOUS LE NOM DE LUCE DIT COSTE.

Lettre circulaire du comte de Buffevent.

« Montblaver, ce 18 septembre 1791.

« Ayant, Monsieur, l'honneur de commander la compagnie coalisée de Dauphiné et de Provence, je crois devoir vous informer que nous avons présenté à *Monsieur* et *Monseigneur Comte d'Artois* les motifs de notre coalition signés à peu près de tous les gentilshommes des deux provinces présents à Coblentz. Ces motifs ayant été approuvés des princes, j'ai l'honneur, Monsieur, de vous les adresser, bien persuadé de votre volonté à vouloir vous réunir à vos compatriotes. Vous trouverez également ci-joints les engagements que nous avons pris entre nous et signés. Nous vous proposons d'en faire autant en me renvoyant le plus tôt possible cette dernière pièce par Francfort-sur-le-Mein à Montbaver où vous nous trouverez réunis et parfaitement cantonnés à quatre lieues de Coblentz.

« Il ne me reste plus, Monsieur, qu'à vous manifester le désir que nos camarades ont de vous voir arriver parmi eux au plus tard vers la fin de janvier, et je crois que leur empressement à cet égard est d'autant plus essentiel au bien de la chose que vous devez sentir comme nous la nécessité où nous sommes de manœuvrer ensemble pour être prêts à tous les événements, dont l'heureuse époque pourrait avoir lieu bien plus tôt qu'on ne croit d'après les bonnes nouvelles dont nous avons la certitude et qui doivent vous être parvenues.

« J'ai l'honneur d'être avec un parfait attachement, Monsieur, votre très humble et très obéissant serviteur.

« Le Comte de Buffevent.

« P.-S. — Je vous prie, Monsieur, de communiquer ma lettre à tous nos compatriotes. »

Cette lettre, évidemment, ne pouvait s'adresser au marquis de Leusse, qu'elle conduisit à l'échafaud, mais seulement à ses fils, seuls en état de porter les armes.

MOTIFS DES GENTILSHOMMES DAUPHINOIS
ET PROVENCEAUX RÉUNIS EN CONSÉQUENCE
DE L'ARTICLE 9 DU RÈGLEMENT
DU 19 AOUT 1791 PAR LES PRINCES.

« Je sous-signé en renouvellant le vœu solemnel
de l'obéissance la plus exacte, de la fidélité la plus
inviolable à la personne sacrée du Roi, déclarant
que les motifs principaux de la coalition sont :
d'offrir au plus infortuné des monarques leurs
forces, leurs bras et tout ce qu'ils possèdent pour
l'arracher à l'état de captivité dans lequel il est
détenu, rendre au trône sa splendeur, au roi son
autorité, à la Religion catholique, apostolique et
Romaine son entier exercice et son antique dignité,
de raffermir à jamais les bases de la monarchie
française, de défendre la constitution ancienne du
royaume et celle des différentes provinces, de conserver et protéger les propriétés de tous les ordres,
de maintenir les droits et privilèges attachés à la
noblesse qu'ils protestent vouloir transmettre à
leurs enfants tels qu'ils l'ont reçu de leurs pères ;
d'obéir à *Monsieur et Monseigneur Comte d'Artois*
et autres princes de la maison de Bourbon attachés à la bonne cause, à l'officier général qu'ils
sont assez heureux d'avoir à leur tête et aux officiers que les princes voudront bien leur donner ;
d'agir d'un commun accord et de se porter partout

16.

où besoin sera, en totalité ou en partie, ainsi qu'il leur sera ordonné par les princes ; déclarant en même temps vouloir prendre tous les moyens possibles pour adoucir ou même faire cesser les besoins que les malheureuses circonstances du moment pourront faire naître parmi leurs compatriotes.

« Ils auraient bien voulu sans doute pouvoir être tous réunis, pour n'avoir qu'un vœu d'acclamation sur des motifs aussi purs ; mais ils espèrent qu'ils seront plus que suffisants pour engager Messieurs les gentilshommes des deux provinces à venir se joindre à eux ou à envoyer leur adhésion à Monsieur le marquis d'Autichamp, officier général, qui a réuni l'agrément des princes et leur suffrage pour marcher à la tête des deux provinces.

« Ils le prient de vouloir bien mettre leurs motifs sous les yeux des princes et de leur demander le règlement de police intérieur de leur compagnie, que tout militaire, qui ne sait qu'obéir, ne doit tenir que du Roi ou des princes appelés par le droit de leur naissance à le représenter pendant le temps de sa captivité.

« Fait et signé à Coblentz, le 21 octobre 1791, par Monsieur le marquis d'Autichamp et autres gentilshommes dauphinois et provençaux. »

Évidemment, comme le soutenaient les défenseurs du marquis de Leusse, il n'avait point gardé sur lui, ni emporté lors de son arrestation en

1794 ces papiers inutiles et si compromettants, datés de 1791. Ils avaient pu être trouvés à Meyzieu parmi les objets appartenant à ses fils et on les glissait dans le dossier de sa cause pour obtenir sa condamnation.

———

Liberté.   *Égalité.*

PROCÈS-VERBAL D'EXÉCUTION.

« Ce jourd'hui 25 nivôse an second [1] de la République française une, indivisible et démocratique.

« Nous Jean-François Bréchet, secrétaire greffier de la Commission révolutionnaire établie à *Commune - Affranchie* par les représentants du peuple, en vertu du jugement rendu par la Commission révolutionnaire en date de ce jour et accompagné des citoyens Parenthon et Forest, officiers municipaux, nous sommes transportés sur la place de la Liberté à midi trois quarts pour assister à l'exécution qui a été faite sur ladite place par l'exécuteur des mandements de justice qui a sur-le-champ guillotiné :

———

[1] 14 janvier 1794.

Pierre Dupin,
Antoine Chavanne aîné,
Pierre Dufour,
Louis Luce dit Coste, ex-noble,
Claude Sonnerie,
François Pavi, ci-devant vicaire,
Jean Mélatié,
Jean-Joseph Niogret,
Étienne Ballet, ci-devant chartreux,
Antoine-Marie Naudau, avoué,
Claude Barmon,
Et Jean-François Vincent.

« Après laquelle exécution nous nous sommes retirés à l'heure de cinquante-cinq minutes de relevée après avoir rédigé le présent procès-verbal fait et clos à *Commune-Affranchie* les jour et an que dessus et ont, les citoyens Parenthon et Forest, signé avec moi.

« Bréchet.

« Parenthon, *officier municipal.*
« Forest, *officier municipal.* »

PROCÈS-VERBAL D'ÉVASION.

« Lan deuzième de Larépublique francaise une et indivisible et le dix sième jour de nivose [1]

« Je Blaise Boulliard gendarme des brigades de Grenoble fait sant quard suite d'un mandat daret venant de la surveliance de Ville Affranchie a remise par le citoyen Genin cappitaine commandant la gendarmerie du département de Lizaire qu'il ordonne darete le citoyen et la citoyenne Delus ce qu'il a été exécuté après trois jours de recherche. Les ayant conduit moi et Badin dans la maison daret tous deux gendarme des brigades de Grenoble. Une heure après Badin venant me chercher à la maison de la caserne de la part du citoyen Genin pour enmener la citoyenne Delus dans sa maison pour qu'elle face son paquet moy Boulliard la conduisant dans sadite maison arrivant chez la citoyenne Delus la voila à chercher dans sa comode dans ces armoire plaquar tout ce qu'il était nécessaire pour son voyage en parcourant dans sa maison se trouvant un plaquart ou cet des lieux commun là ou il se trouve une porte dérobée quelle aboutir dans lale ou ladite Delus cet évadé et moy ne connaissant point laditte maison en foi de quoi j'ai dresé le present porcet verbal pour servir et valoir a ce que de raison et signe moi jour et an que ci desus.

« BOULLIARD. »

[1] 30 décembre 1793.

Note explicative
sur les gravures encartées dans cet ouvrage.

———

Le premier portrait est celui du marquis Louis de Leusse, né le 9 décembre 1737, mort sur l'échafaud révolutionnaire le 14 janvier 1794. Il est pris sur un pastel retouché en 1906 et que j'ai eu sous les yeux avant qu'il ne le fût. Les cheveux étaient roux, leur teinte a été atténuée par l'artiste qui a fait la réparation. Ce portrait appartient au marquis Louis de Leusse et se trouve actuellement au château de Gourdan. Une tradition respectable, mais qui n'offre pas cependant les conditions essentielles d'une certitude absolue, affirme que ce sont bien là les traits du marquis de Leusse, dont je retrace ici l'histoire, lorsqu'il était âgé de 17 ans. Le pastel serait donc de 1754. Il se trouvait au siècle dernier au château de Montanet, appartenant alors à mon oncle de Leusse, chef de notre maison. Une carte épinglée au cadre disait que c'était bien le portrait de mon bisaïeul, guillotiné sous la Terreur. La marquise de Leusse, douairière, ma cousine germaine, m'a affirmé tenir de son beau-père cette même tradition.

Le second portrait, dont l'original est en ma possession, est une peinture à l'huile représentant la marquise de Leusse, née de Laube, femme du précédent. L'authenticité de ce portrait est absolue. Il en est de même pour les deux suivants, tirés de miniatures, que je possède également. Le tout m'a été légué par mon père, fils, neveu et petit-fils des personnes ici représentées.

La première miniature, formant le troisième portrait encarté dans cet ouvrage, représente les traits du marquis Auguste de Leusse, marié à Mlle du Colombier; d'eux sont sorties toutes les branches actuellement existantes de la famille de Leusse.

La seconde miniature est le portrait du comte François de Leusse, marié à Mlle de Sibeud de Beausemblant; ils n'ont eu qu'une fille unique, Marie de Leusse, ma mère, mariée au comte André-Hippolyte de Leusse, second fils du marquis Auguste et de la marquise, née du Colombier.

Grenoble, imprimerie ALLIER FRÈRES, cours de Saint-André, 26.